JÄGER

BESCHÄDIGTE SC

ZU KLAMP

Reihe zu Klampen Essay
Herausgegeben von
Anne Hamilton

Lorenz Jäger,
Jahrgang 1951, studierte Soziologie und Germanistik. Nach der Promotion lehrte er in Japan und den Vereinigten Staaten und lebt heute in Frankfurt am Main. Er ist Redakteur im Feuilleton der »Frankfurter Allgemeinen Zeitung«. Zuletzt sind von ihm erschienen »Prägungen« (2013), »Unterschied. Widerspruch. Krieg. Zur politischen Theologie jüdischer Intellektueller« und bei zu Klampen »Die schöne Kunst, das Schicksal zu lesen. Kleines Brevier der Astrologie« (2009).

LORENZ JÄGER

Beschädigte Schönheit

Eine Ästhetik des Handicaps

zu Klampen *Essay 2014*

Inhalt

Gumbrecht dem Freund

Tal vez los defectos hermosean.

Lope de Vega, »A una dama tuerta«

Elle est boiteuse; mais peste, qu'elle est jolie!

Charles de Brosses, »Lettres familières écrites d'Italie«

Im ganzen Gebiet der ästhetischen Wissenschaften
ist die Deduktion des Interessanten vielleicht
die schwerste und verwickeltste Aufgabe.

Friedrich Schlegel, »Über das Studium der griechischen Poesie«

Contrary to what might have been supposed,
the Baroness did not »glide«; far from it, she walked
as if the heel of one shoe were a trifle higher than the other;
not that this was so; it was merely style.

Ronald Firbank, »The Artificial Princess«

Rien ne vaut le (...) d'une boiteuse.

Guillaume Apollinaire, »L'enchanteur pourrissant«

Fräulein Montag und ihre Schwestern

EINE Lehrerin des Französischen, sie war übrigens eine Deutsche und hieß Montag, ein schwaches, blasses, ein wenig hinkendes Mädchen, das bisher ein eigenes Zimmer bewohnt hatte, übersiedelte in das Zimmer des Fräulein Bürstner.

Ich muss mit einem Vorbehalt beginnen. Schon lange gelingt es mir nicht mehr, Kafka wirklich zu lesen, im Zusammenhang, ausführlich, so, wie er es verdiente. Nur vereinzelte Stellen beschäftigen mich dann doch immer wieder, und dazu gehören die wenigen Passagen über das hinkende Fräulein Montag im »Prozess«. Es spielen ja in dieses Gerichtsverfahren auch das Begehren und die Ehen hinein: Die Pension von Frau Grubach, in der Josef K., Fräulein Bürstner und eben auch das Fräulein Montag wohnen, ist eine Zone der Singles, während der erste Besuch bei Gericht den Beschuldigten gleich in eine dampfende Familienatmosphäre führt: Kindergeschrei, Essen kochen, Wäsche waschen. Wie gern hätte ich mehr über Fräulein Montag gewusst, aber hier lässt mich Kafka im Stich. Ich wünschte mir, er hätte an dieser Stelle wenigstens die knappe Notiz eingefügt, die man anderswo bei ihm findet:

»Dass Leute die hinken dem Fliegen näher zu sein glauben als Leute die gehn. Und dabei spricht sogar manches für ihre Meinung. Wofür spräche nicht manches?«[1] Aber auch das bleibt unbestimmt. Montaigne hat den Hinkenden einen ganzen Essay gewidmet, in dem er den Mangel zum erotischen Triumph umdeutet, eine Passage darin ist unvergesslich: »Die Italiener haben ein Sprichwort, welches ungefähr so lautet: Der kennt nicht die Süßigkeit ganz, die Venus gewähren kann, der noch keine Hinkende erkannt hat.« Man muss nur zu Kafkas Zeitgenossen Franz Werfel gehen, dann findet man auch diese Auffassung. In Werfels Roman »Nicht der Mörder, der Ermordete ist schuldig« gesteht der Protagonist verzweifelt seine Liebe zu einer märchenhaft benannten jungen Frau: »Die Schönheit Sinaidas war eine wesenlose Entzückung, die ihrem Kleid die süße Form gab, selbst aber Zephyr, Geist, Schwingung zu sein schien. Und doch – es war fast klar – sie hatte ein Gebrechen. Wenn auch von zarter, unauffälliger Natur. Es schien, dass sich ihr Schritt nach der einen Seite etwas neigte, kaum merklich, aber in manchen Augenblicken unverkennbar. Dieses Unregelmäßige in dem Rhythmus ihrer Erscheinung (Hinken es zu nennen wäre zu viel und zu profan), dieses zarte Gebrechen riss mich hin, brachte mich um Verstand und Be-

1 Franz Kafka, Gesammelte Werke, Band 6, S. 197.

wusstsein.«[2] Und später: »O Gott, ich war, ich bin verliebt in ihr leichtes Hinken, in diese süße Gebrechlichkeit.«[3] Was Kafka an Fräulein Montag versäumt hatte zu empfinden und zu schildern, das übertreibt Werfel bis zur klebrigen Süße, zum Kitsch – fast möchte man sagen: Kitsch ist (diesmal jedenfalls) verdrängte Pornographie. Schlechthin zauberhaft aber ist in seinem Lakonismus der Satz von Elias Canetti: »Sie hinkt so schön, dass die Gehenden neben ihr wie Krüppel erscheinen.«[4] Solcher Gedanken der Verherrlichung war Kafka nicht fähig, sein Porträt der blassen Hinkenden scheint mir tatsächlich blass, unerwartet konventionell. Der Lehrerin des Französischen blieb ich dennoch treu.

Ähnlich muss es Orson Welles empfunden haben, als er Kafkas Roman 1962 verfilmte, mit Anthony Perkins als Josef K. und Romy Schneider als Leni. Denn hier ist nun aus dem »ein wenig« hinkenden Mädchen eine schwerbehinderte Frau mit einer auffälligen Beinschiene geworden, und die Szenen, in denen sie auftritt, haben sich gegenüber der literarischen Vorlage sehr erweitert. Und sie selbst ist es, die ihre Behinderung thematisiert, als K. ihr nachts

---

2 Franz Werfel, Nicht der Mörder, der Ermordete ist schuldig, München 1922, S. 119.

3 a.a.O., S. 171.

4 Elias Canetti, Alle vergeudete Verehrung. Aufzeichnungen 1949–1960, München 1970, S. 70.

folgt oder sie – wie sie glaubt – fast verfolgt.[5] Die stärkere, fast obszöne Akzentuierung mag vom Film als Gattung gefordert sein, der künstlerisch zwingend von starken Bildern her denken muss. Gedenken wir auch der Rolle, die Ginette Leclerc als hinkende Verführerin, geradezu als Vamp, in Henri-Georges Clouzots meisterhaftem Kriminalfilm »Der Rabe« (»Le Corbeau«, 1943) spielte.[6] Und des Films »Die Wendeltreppe« (»The Spiral Staircase«, Regie Robert Siodmak, 1945): die junge Myrna Dell in der ebenso verführerischen Rolle einer Hinkenden, die nur in Unterwäsche zu sehen ist – vom Zuschauer und von dem Mann, der sie gleich ermorden wird. Myrna Dell erinnerte sich später: »I was to play a cripple who gets murdered at the beginning of the picture! ›God‹, I said to Siodmak, ›couldn't you at least take the limp away?‹ But no.«[7] In Erich von Stroheims »Hochzeitsmarsch« (»The Wedding March«, 1928), spielt ZaSu Pitts die reiche hinkende Erbin Cecelia Schweisser, die Prinz Nicki (Nikolas von Wildeliebe-Rauffenburg, dessen Rolle Stroheim selber übernahm) aus finanziellen Motiven heiratet, während ihr Vater auf einen

5 Der Film ist im Netz zu sehen, die erwähnte Passage findet sich ab 28'53".

6 Ab 31'36" – das Hinken wird hier in einer sehr erotisch angetönten Szene der Entkleidung erstmals sichtbar – und ab 1 h 17'35" besonders eindrucksvoll.

7 Zitiert nach: Doug McClelland, Forties Film Talk. Oral Histories of Hollywood, Jefferson 1992, S. 46.

Adelstitel hofft.[8] Stets gegenwärtig und auch in der Kirche während der Hochzeitszeremonie nicht endend, ist der harte Kontrast zwischen den zynischen Kommentaren der Gesellschaft und der liebenden, geradezu engelhaften Schönheit und Unschuld Cecelias. Der Filmtheoretiker Rudolf Arnheim hat bei Strohheim geradezu eine Tendenz gesehen: »His heroines are dolls of a more than American sweetness, bedecked with flowers and the bridal veil, but in their pale eyes are sleepless nights and the terrors of rape. Significantly, he frequently uses the theme of the limping woman on crutches.«[9]

In diesen Bildern von Fräulein Montag und ihren Schwestern, vor allem in ihren Verwandlungen, steckt eine kleine Geschichte unserer Kultur.

---

8 Auch dieser Film ist im Netz zu sehen, die entscheidende Szene ab 1 h 41'.

9 Rudolf Arnheim, Film Essays and Criticism, Madison 1997, S. 276.

Voraussetzungen der Antike

Die Menschen Homers sind aus einem homogenen Stoff. Innen und Außen fallen nicht auseinander; wie sie erscheinen, so sind sie auch. Die Antike liebte es deshalb, in körperlichen Behinderungen oder Abweichungen das moralisch Fragwürdige angezeigt zu sehen. Der hinkende, schielende und bucklige Thersites ist ein Mann des Ressentiments, der in der »Ilias« an den anderen nichts Gutes lassen will: »Alles saß nun ruhig, umher auf den Sitzen sich haltend; / Nur Thersites erhob sein zügelloses Geschrei noch: / Dessen Herz mit vielen und törichten Worten erfüllt war, / Immer verkehrt, nicht der Ordnung gemäß, mit den Fürsten zu hadern, / Wo ihm nur etwas erschien, das lächerlich vor den Argeiern / Wäre. Der hässlichste Mann vor Ilios war er gekommen: / Schielend war er, und lahm am anderen Fuß; und die Schultern / Höckerig, gegen die Brust ihm geengt; und oben erhob sich / Spitz sein Haupt, auf der Scheitel mit dünnlicher Wolle besäet. / Widerlich war er vor allen des Peleus Sohn und Odysseus; / Denn sie lästert' er stets. Doch jetzt Agamemnon dem Herrscher / Kreischt' er hell entgegen mit Schmähungen. Rings die Achaier / Zürnten ihm heftig empört, und ärgerten sich in der Seele.« So die Schilderung Homers in der Übersetzung von Johann Heinrich Voß.

Diese Gleich-Stoffigkeit des moralischen und des physischen Menschen findet sich auch im Alten Testament (sie ist also gemeinantik), wenn es in Leviticus 21 heißt: »Und der Herr redete zu Mose und sprach: Rede zu Aaron und sprich: Jemand von deinem Samen bei ihren Geschlechtern, an dem ein Gebrechen ist, soll nicht herzunahen, um das Brot seines Gottes darzubringen; denn jedermann, an dem ein Gebrechen ist, soll nicht herzunahen, es sei ein blinder Mann oder ein lahmer oder ein stumpfnasiger, oder der ein Glied zu lang hat, oder ein Mann, der einen Bruch am Fuße oder einen Bruch an der Hand hat, oder ein Höckeriger oder ein Zwerg, oder der einen Flecken an seinem Auge hat, oder der die Krätze oder Flechte, oder der zerdrückte Hoden hat. Jedermann vom Samen Aarons, des Priesters, der ein Gebrechen hat, soll nicht herzutreten, die Feueropfer Jehovas darzubringen; ein Gebrechen ist an ihm, er soll nicht herzutreten, das Brot seines Gottes darzubringen. Das Brot seines Gottes von dem Hochheiligen und von dem Heiligen mag er essen; allein zum Vorhang soll er nicht kommen, und zum Altar soll er nicht nahen, denn ein Gebrechen ist an ihm, dass er nicht meine Heiligtümer entweihe; denn ich bin der Herr, der sie heiligt.«

Andernorts ist es der hinkende Schmiedegott Hephaistos-Vulkan, paradoxerweise Gatte von Aphrodite-Venus, der Schönsten, der zum Gelächter der

Götter wird. Die römische Literatur vor allem macht aus diesem Lachen ein Formgesetz ihrer Satiren. Ein Beispiel aus Martial: »Zähne kaufst Du, und Busen und Haare, Du alte Susanne?/Tausch' doch Dein schielendes Aug' gegen ein schönes Dir um!«[1] Das »Schielen als Zeichen des Missgönnens, Beneidens ist auch aus den römischen Schriftstellern zu beweisen«, schrieb Heinrich Düntzer.[2] Das war gleichsam das letzte Wort der Antike zur Sache. Die Satire war die einzige dichterische Gattung, die Rom nicht von den Griechen übernommen hatte; das Privileg der Götter, über Vulkan zu lachen, fällt nun verallgemeinernd an den römischen Bürger. Nur bei Ovid gab es die Andeutung einer anderen Auffassung. In der »Liebeskunst« lässt er auch Venus, parodierend, den hinkenden Gang des Gatten nachahmen. Die Szene spielt unmittelbar vor ihrem Ehebruch mit Mars: »Wie oft belachte sie nicht des Mannes hinkende Füße/Und die von Arbeit und Gluth harte, schwielige Hand! / Reitzend hinkte sie oft vor ihrem Mars dem Vulkan nach. / Mit vieler Anmuth war ihre Schönheit gepaart.«[3] Aber auch hier wird die Szene komisch und satirisch angetönt, das Gelächter färbt auf die Anmut ab.

---

1 Zitiert nach Hamburg und Altona. Ein Journal zur Geschichte der Zeit, der Sitten und des Geschmacks, Hamburg 1804, S. 375.

2 Heinrich Düntzer, Kritik und Erklärung der Oden des Horaz, Braunschweig 1840, S. 382.

3 Ovids Kunst zu Lieben in der Versart des Originals, übersetzt von Friedrich Karl von Strombeck, Göttingen 1795, S. 57.

Paradoxe Elogen in der Frühen Neuzeit

NOCH am Anfang der Frühen Neuzeit war gerade das Hinken moralisch hochgradig suspekt. Hexerei konnte sich darin andeuten, jedenfalls wird es in Hexenprozessen gelegentlich eigens erwähnt. Und die petrarkistische Liebeslyrik widmete sich den idealen Gestalten. Erst die barocke Epoche, die der Renaissance unmittelbar folgte, brachte das Venus-Vulkan-Paradoxon – die Verbindung der Schönsten mit dem Hinkenden nun in *einer* Person – zur kunstvollen Entfaltung.

Montaigne aber dürfte einer der ersten Autoren gewesen sein, die im Hinken eine mögliche erotische Attraktivität erkennen wollten. Man kann es aus dem Gesamtkorpus seiner »Essais« herleiten – Jean Starobinski hat darauf aufmerksam gemacht, dass *mouvement,* Bewegung, Montaignes Leitmetapher ist. In den »Essais« III/11 findet sich die bereits eingangs erwähnte folgenreiche Überlegung: »Der Italiener hat ein Sprichwort, welches ungefähr so lautet: Der kennt nicht die Süßigkeit ganz, die Venus gewähren kann, der noch keine Hinkende erkannt hat. Der Zufall, oder eine sonderbare Begebenheit, haben dies Sprichwort vor langer Zeit schon zu einer Volkssage gemacht, und man braucht es zugleich vom männlichen wie vom weiblichen Geschlecht.«[1] Und nun sucht er nach der Ursache des Vergnügens: »Ich hätte geglaubt, die unordentliche Bewegung einer Hinkenden gäbe dem Liebeswerk ein neues Vergnügen und denen, die es versuchten, irgendeinen wollüstigen Reiz mehr« – das wäre die Erklärung gewesen, die nach Starobinski naheliegt –, aber Montaigne biegt nun ab in eine sehr simple naturalistische Richtung. In der antiken Philosophie nämlich will er eine ganz andere Deutung des Phänomens gefunden haben: »Weil die Beine und Hüften der Hinkenden wegen ihrer Unvollkommenheit die Nahrungssäfte nicht verbrauchen, die ihnen bestimmt sind, so wären daher die Teile über solchen vollständiger, genährter und rüstiger; oder auch: weil diese Gebrechen sie verhindern, sich viel zu bewegen, so verbrauchten diejenigen, die damit behaftet wären, weniger Kräfte, die sie denn reichlicher bei der Feier der Venus anwenden könnten.«[2]

Nun aber biegt er noch einmal ab, und die Skepsis als Lebenshaltung artikuliert sich auch hier: »Aber worüber können wir nicht vernünfteln, wenn wir diese Art zu schließen brauchen wollten? (...)

---

1 Das ist auch ins Gedicht eingegangen: »Pour gouter de Vénus les plus vives douceurs / Il faut d'une Boiteuse éprouver les faveurs.« Zitiert nach: Bibliothèque raisonnée des ouvrages des savans de l'Europe, Amsterdam 1747, S. 209.

2 Michel Montaigne's Gedanken über allerley Gegenstände, Wien und Prag 1797, S. 120.

Beweisen diese Beispiele nicht, was ich eingangs sagte: dass unsere Gründe oft den Wirkungen vorauslaufen und eine so unendliche Gerichtsbarkeit in Anspruch nehmen, dass sie über Undinge und Nichtigkeiten urteilen und erkennen?«[3] Eine Antwort auf die Frage der hinkenden Venus wird nicht gegeben, sondern ihre Voraussetzungen werden bestritten. Den eigentlichen Kontext der berühmten Passagen erwähnt Montaigne gleich zu Beginn seines Essays: »Ich überlegte jetzt eben, wie ich oft thue, was für ein freyes und unstätes Werkzeug die menschliche Vernunft ist. Ich sehe gemeiniglich, dass die Menschen, wenn ihnen Begebenheiten erzählet werden, lieber den Grund, als die Wahrheit derselben, untersuchen. Sie gehen geschwind über die vorausgesetzten Umstände weg, und betrachten neugierig die Folgen.«[4] Aber das Wort über Venus war nun einmal ausgesprochen und machte sich geltend; ganz über die Intention des Verfassers hinweg: Von tausend Autoren, die Montaigne in dieser Sache zitieren, kennt vielleicht einer die abschließende skeptische Erwägung. Rezeptionsgeschichte hat ihre eigenen Ironien.

Eine direkte Nachahmung dieser Skepsis – sichere und allgemeine Kriterien gibt es nicht – findet man bei dem Montaigne-Epigonen François de La Mothe Le Vayer (1588 bis 1672), der sich als Schrift-

3 a.a.O., S. 121.
4 a.a.O., S. 103.

steller Oratius Tubero nannte: »Le marcher droict & la belle allure ont leurs charmes comme le reste de la personne; i'en ay veu d'amoureux du clocher d'vne boiteuse, & qui trouuoient qu'en elle, aussi bien qu'en cette belle Elegie d'Ouide, vn pied plus long que l'autre auoit ses graces particulieres / In pedibus vitium causa decoris erat.«[5] Also: Das gerade Gehen und das schöne Aussehen haben ihren Zauber, ich habe aber auch solche gesehen, die verliebt in den besonderen Gang einer Hinkenden sind, und die bei ihr finden, wie es in der schönen Elegie von Ovid heißt, dass ein Fuß, der länger ist als der andere, seinen besonderen Reiz hat. Der Gedanke gehört ganz in die Geschichte der pyrrhonischen Skepsis: Es kann *so* sein, aber auch ganz anders. Sicheres Wissen ist auf diesem Gebiet nicht zu haben.

Anders aber, als es Montaigne wohl im Sinne hatte, wurde die Stelle aus den »Essais« III/11 zu einem regelrechten Topos, die skeptische Erwägung, die den Kontext abgibt, fiel weg. Aus dem Gegensatz von Venus und Vulkan wurde vor allem in der marinistischen Lyrik der Romanen, also der Franzosen, Italiener und Spanier, eine Freude an paradoxen Verbindungen. Man hat beim Marinismus von einer »Verblüffungssicht« gesprochen, vom Grotes-

5 Quatre Dialogues faits a l'imitation des anciens par Oratius Tubero, Frankfurt 1506, S. 206. Die Datierung ist falsch, tatsächlich erschien der Band wohl in den dreißiger Jahren des siebzehnten Jahrhunderts.

ken, vom kunstvoll gesuchten Gegensatz. Benannt wurde die Richtung nach dem italienischen Dichter Giambattista Marino (1569 bis 1625). Das Kunstwollen manifestierte sich als extreme Künstlichkeit der Bilder und Sujets. Mit gelehrten Motiven verbunden, aus den Sphären nicht nur der Mythologie, sondern auch der Kosmologie und der Jurisprudenz. Wer zählt die Gedichte, die sich nun, mit dem frühen sechzehnten Jahrhundert, der »Belle Boiteuse« widmeten, der schönen Hinkenden – und selten ohne den mythologischen Scherz, ihr Vater sei Vulkan gewesen, ihre Mutter aber Venus.

In den »Diverses Poésies« des Jean Vauquelin, Sieur de la Fresnaie (1536 bis 1607), eines Schülers von Ronsard, findet sich eine erste Umdeutung antiker Motive. Amor verfolgt Jeannette, eine Hinkende, sie wird vergebens fliehen, denn sie hinkt, und er, der Geflügelte, wird sie erreichen – und nehmen!

O Ianete, tu fuis en vain
Amour, que suiuent les plus belles:
Tu es boiteuse, il a des ailes,
Tu sera prise tout soudain.[6]

Aus dem Bestand der Antike, und gegen die im Petrarkismus kanonischen Schönheitsideale, geht

6 Jean Vauquelin, Sieur de la Fresnaie, Diverses Poésies. Ich zitiere nach der Ausgabe Paris 1870, S. 553. Das Gedicht gehört zum Zyklus der schäferischen Idillies.

eine antikanonische Dichtung hervor. Sie ist fassbar in Frankreich, Spanien und in Italien. Nun wird, eigentlich erst nach 1600, der mythologische Bestand paradox zugespitzt. Es hängt dies mit einer neuen Auffassung der Rhetorik zusammen, mit der »Agudeza«, in der dem überraschenden Motiv der Vorzug vor dem Konventionellen gegeben wird. Schon Ernst Robert Curtius hat in »Europäische Literatur und lateinisches Mittelalter« auf die kaum zu überschätzende Bedeutung der Agudeza-Idee hingewiesen. Bei Balthasar Gracían (1601 bis 1658) lautet die einschlägige Definition: »Son empresas del ingenio y trofeos de la sutileza los asuntos paradojos« – Unternehmungen des erfindungsreichen Geistes und Trophäen der Subtilität sind die paradoxen Angelegenheiten. Wenn also in der Antike zwar Venus und Vulkan als Paar verbunden waren, aber ihre Sphären sich nicht überschnitten, es sei denn in der Satire, so wird nun die Einheit der extremen Gegensätze gesucht.

Giovanni Leone Sempronio (1603 bis 1646), geboren in Bologna, war ein Musterdichter des neuen Stils, europaweit wurde er gefeiert. Aus seinem »Selva poetica« stammt das Sonett auf die schöne Hinkende, *la bella zoppa*, es galt als »modello de' più perfetti« der Gattung.[7] Wieder ist eine kunstvolle Abwandlung des Mythos zu erkennen, vielleicht die virtuoseste in der Dichtung überhaupt.

---

7 Felsina pittrice. Vite de Pittori Bolognesi, 1678, S. 487.

Nur am Ende werden Venus und Vulkan für das Hinken in ihren Rollen ausgetauscht, vielmehr gibt Eurydike das erste Muster, als sie von der Schlange in den Fuß gebissen wird, und das zweite ist zwar wiederum Venus, aber als sie mit dem »makellosen Fuß« – auf der Suche nach ihrem geliebten Adonis – in einen Dorn getreten ist (beide Motive haben vielfache künstlerische Darstellungen gefunden).

Moue zoppa gentil piede ineguale,
Cui ciascuna ineguale è in esser bella;
E così Zoppa ancor del dio, c'ha l'ale
Può l'alate fuggir dure quadrella.

Tal forse era Euridice, ò forse tale
Era Ciprigna a l'hor, ch'à questa e a quella
Morse il candido piè serpe mortale,
Punse il candido piè spina ribella.

Consolisi Vulcan; ché, se tal' hora
Mosse il suo zoppicar Venere a riso,
Hoggi sa zoppicar Venere ancora.

E certo questa dea, se il ver m'auuiso,
Solo il tenero piè si torse a l'hora
Ch'ella precipitò dal paradiso.[8]

(»Bewege, hübsche Hinkende, deine Füße, sie sind nicht gleich, und an Schönheit ist ihnen kein

8 Giovanni Leone Sempronio, Selva poetica. Sonetti, Bologna 1648.

anderer Fuß gleich; und so hinke auch weg vor dem Gott, der Flügel hat (also Amor, Cupido), wisse: Beflügelte fliehen seine süßen Pfeile. So war vielleicht Eurydike, so vielleicht Venus, zu jener Stunde, da der einen die tödliche Schlange in den makellosen Fuß biss, da der widerspenstige Dorn den makellosen Fuß der anderen strafte. Getröstet ist Vulkan, dessen Hinken zuweilen Venus zum Lachen brachte: Heute hinkt Venus auch. Und sicher ist's, dass diese Göttin, meiner Ansicht nach, nur wegen dieses zarten Fußes allein, so verdreht er zu dieser Stunde ist, geschwind vom Paradies hierhereilte.« Übers. L. J.)

Von Sempronio haben wir auch ein Preisgedicht auf eine schöne Kleinwüchsige (»La bella nana«) und eine schöne Stotternde (»La bella balba«). Die Übersetzung eines Gedichts von Alessandro Adimari (1579 bis 1649) – er dichtete auch auf eine schöne Bucklige – gibt Hans Assmann Freiherr von Abschatz, ein barocker Lyriker der zweiten schlesischen Schule (1646 bis 1699). Auch Adimari wird literaturgeschichtlich dem Marinismus zugerechnet:

Die schöne Hinckende

Muss dieses Wunder-Bild / der Abgott vieler Hertzen,
Auf ungewissem Grund ungleicher Pfeiler stehn?
Was Pracht und Witz erhebt / macht Demuth noch so schön
Was will uns denn an ihr derselben Demuth Bildniss schmertz

Pflegt nicht die Königin der goldnen Himmels-Kertzen,
Auch wechselweise sich zu sencken / zu erhöhn?
Der schönen Venus Wirth / Vulkan / muss hinckend gehn;
Man sieht sein schönes Feur mit falschen Springen schertzen,

Vielleicht wird sie dadurch / Verliebte / minder kühn;
Und wär auch dieses nicht / so hilft doch solcher Mangel,
Dass sie euch nicht so bald kan aus den Augen fliehn.

Das kleinste Theil der Welt sieht die zwey Himmels-Angel
In gleichem Stande ruhn; ie mehr sich einer neigt,
Jemehr sein Gegentheil dort in die Höhe steigt.[9]

Als verliebt in eine schöne hinkende Deutsche, »Innamorato in bella Zoppa Tedesca«, bekennt sich Domenico Gisberti (1635 bis 1677), Sekretär und Hofdichter des bayrischen Königs. Bei jedem Tritt und Schritt für Schritt sieht er »süße Harmonie« seiner Chloris (der Flora). Es schmerzt ihn nicht, dass ihre Füße ungleich sind.[10] Der Doktor Donato Antonio Cito geht nach dem gleichen Rezept vor und erhöht den Einsatz noch, indem er ein Gedicht auf eine schöne Hinkende und zu-

9 Die Übersetzung von Abschatz erschien unter dem Titel: Alexandri Adimari Schertz-Sonnette oder Kling-Gedichte über die auch bey ihren Mängeln vollkommene und Lieb-würdige Schönheit des Frauenzimmers, Band 2, Leipzig und Breslau 1704, S. 196. Adimaris Sonett gehört zu einer Serie: La Tersicore, o vero scherzi, e paradossi poetici sopra la beltà delle donne fra' difetti ancora ammirabili, e vaghe, Florenz 1637.

10 Polinnia, poesie varie, pompiche, miste, München 1675, S. 305.

gleich Blinde schreibt: Vulkan und Venus vereinen sich, und wie dem Sohn des göttlichen Paares, dem Amor, sind ihr die Augen verbunden: »La bella Zoppa, e Cieca«.[11]

Es ist nun schon ein literarischer Topos geworden, den man gar nicht mehr einem einzelnen zuschreibt, sondern vielen gefeierten Autoren, einer Tradition: Eine Hinkende hat Reize (*appas*), die man bei keiner der Geradegehenden (*les droites*) findet. Als intellektuell-dichterisches, hochgradig artifizielles Spiel mit dem ästhetischen Paradoxon, das insgesamt die marinistische und frühbarocke Lyrik charakterisiert, war also die erste Anerkennung der Behinderung entstanden.

Ein italienisches Gedicht aus dem Jahr 1686 gehört noch in diese Linie, es stammt aus den »Sonetti Amorosi, & Varii« von Hercole Rudio, die Sammlung ist dem Herzog Georg Wilhelm von Braunschweig gewidmet:

La bella Zoppa

Colei ch'ha torto il piè, dritto ha lo sguardo,
onde m'accende al sen fiamma immortale;
e se inetta è di piè, d'Amore ha l'ale,
e se pigra è nel moto, ha il cor gagliardo.

---

11 Rime del Dottor Donato Antonio Cito. Diuise in tre parti, Neapel 1619, S. 193.

Più acuto a fermo passo avventa il dardo
che, in difetto del piè, col braccio assale;
e se lento ha il camin, pronto ha lo strale,
con cui m'infonde al core il foco, ond' ardo.

Ma udite la cagion per cui più peno:
di Ciprignana e d'Amor vanto ha sovrano,
delle Grazie il suo viso è il trono ameno;

l'arco ha d'Amor nel ciglio e i dardi en mano,
gira i cieli nei rai, duo mondi ha in seno;
splende un Apollo al volto, al piè un Volcano.[12]

(»Jene mit dem verdrehten Fuß hat einen geraden Blick, der in mir eine unsterbliche Flamme entzündet, Und wenn ihre Füße unbeholfen sind, so hat sie doch von Amor die Flügel, und wenn sie sich träg bewegt – ihr Herz ist energisch und wacker. Den Pfeil schleudert sie, bei defektem Fuß, mit dem Arm, und wenn der Weg auch langsam gegangen wird, so ist der Strahl doch schnell, mit dem sie mir im Herzen jenes Feuer entzündet, von dem ich brenne. Nun hört aber den Grund: Von der Cypris (Venus) hat sie die stolze Herrschaft, ihr Antlitz ist der Thron der Grazien, den lieblichen Bogen hat sie von Amor: ihre Wimpern. Zwei Welten trägt sie im Busen: Aufs Gesicht strahlt Apollon, auf den Fuß Vulkan.« Übers. L. J.)

---

12 Zitiert nach http://www.parnasoitaliano.it/SonettiRudio.pdf.

In dem Augenblick, als die Dichter und die Philosophen das schöne Hinken entdeckt hatten, bemerkten es auch die Chronisten der europäischen Höfe. Pierre de Bourdeille, Seigneur de Brantôme, geboren um 1540, gestorben 1614, ungefähr der Generation von Montaigne angehörend, schrieb über die Königin Anne de Bretagne in seinem Buch »Vie des dames illustres«: »Sa taille estoit belle et médiocre. Il est vray qu'elle avoit un pied plus court que l'autre le moins du monde; car on s'en appercevoit peu, et malaisément le cognoissoit-on: dont pour cela sa beauté n'en estoit point gastée; car j'ay veu beaucoup de tres-belles femmes avoir cette légère défectuosité, qui estoient extresmes en beauté, comme madame la princesse de Condé, de la maison de Longuevillle. Encore dit-on que habitation de telles femmes en est fort délicieuse, pour quelque certain mouvement et agitation qui ne se rencontre pas aux autres.«[13] (»Ihre Figur war schön, von mittlerer Größe. Es ist wahr: Sie hatte einen Fuß, der um eine Nuance kleiner als der andere war; denn man bemerkte es kaum, und nur schwer wusste man's: Aber davon war ihre Schönheit in keiner Weise gemindert; denn ich sah viele sehr schöne Frauen, die diesen leichten Fehler hatte, und dabei von äußerster Schönheit waren,

13 Pierre de Bourdeille, abbé séculier de Brantôme, Œuvres complètes, Band 2, Paris 1842, S. 105 f. Der letzte Satz wurde von Brantôme handschriftlich hinzugefügt.

wie die Prinzessin Condé, aus dem Hause Longueville. Auch sagt man, dass die Umarmung solcher Frauen den höchsten Genuss gewährt, wegen gewisser Bewegungen und Erregungen, die sich bei anderen nicht finden.« Übers. L.J.) Der aufklärerisch-materialistische Philosoph La Mettrie hat in seinem Buch »Ouvrage de Pénélope ou Machiavel en Médecine« einen bösen Witz darüber gemacht (der aber nur zeigt, wie stabil die Tradition inzwischen schon geworden war): Ein Mann liest bei Brantôme von den erotischen Qualitäten der Hinkenden und beschließt daraufhin, seiner Geliebten das Bein zu brechen. Er will unbedingt mit seiner Marion die Erfahrung dieser Geschöpfe machen, denen Brantôme das Lob gesungen hat.[14] Über Anne de Bretagne bemerkt ein weiterer Chronist, ihre Hofdamen hätten aus Höflichkeit auch gehinkt: »donc les dames et demoiselles devaient boiter par simple courtoisie«.[15]

Vor allem aber die Mätresse Ludwigs XIV., Louise de La Vallière (1644 bis 1710), wurde mit ihrem leichten Hinken in höfischen Kreisen ein beliebter Gegenstand eher der Bewunderung als des Spotts. Sie wurde für die Darstellung der Hinkenden in der französischen Literatur das Modell schlechthin.

---

14 Julien Offray de La Mettrie, Ouvrage de Pénélope ou Machiavel en Médecine, Berlin 1750, S. 101.

15 Dictionnaire de la Conversation et de la Lecture, Tome VIII, Paris 1833, S. 397.

Schon vor ihr war die hinkende Herzogin de Montpensier (1552 bis 1596) Gegenstand der heimlichen Bewunderung, ebenso aber angefeindet wegen der politischen Rolle, die sie in der »Liga« spielte. König Heinrich III. hatte sie wegen ihres Hinkens verspottet. In einem fiktiven Toten-Gespräch mit Anne-Josèphe Théroigne de Méricourt, einer Jakobinerin, lässt Étienne de Jouy sie in einen geistvollen Wortwechsel eintreten: »J'etais moins belle que vous, ma chère duchesse«, sagt die Théroigne, »mais je n'etais pas boiteuse.« Worauf die Montpensier schlagfertig antwortet: »Je boitais avec tant de grace, que je mis cette allure à la mode.«[16] Über die Duchesse de Bourbon-Condé (1674 bis 1743) haben wir ein weiteres Zeugnis der Zeitgenossen: Die junge Prinzessin sei schön, voll Anmut und graziös, und mehr noch voll von Boshaftigkeit. Sie hinkte ein wenig, worüber die Herzogin von Bayern diese Reflexion äußerte: »Ich weiß nicht, wie die Herzogin es anstellt, aber statt wegen ihres Hinkens weniger attraktiv zu sein, steht ihr nichts so gut wie gerade dies, es gibt ihr einen zusätzlichen Reiz.«[17]

---

16 Étienne de Jouy, Melanges. Première Partie. Variétés Littéraires et Philosophiques, Paris 1823, S. 94.

17 »La jeune princesse etait belle, pleine de graces, et encore plus de malignité, au rapport des mémoires du tems. Elle boitait un peu, sur quoi la duchesse de Bavière, dit second madame, mere du regent, fait cette reflexion: ›Je ne sais pas comment fait madame la Duchesse; mais au lieu d'être moins bien parce qu'elle boite, rien ne lui sied si bien; cela lui donne un

Nicht zu bestreiten ist, dass die französischen Literaten vor allem den La-Vallière-Topos gestalteten, von der bedeutenden Literatur bis hin zu Trivialromanen wie Jules Marys »La Jolie Boiteuse« aus dem Jahr 1882.[18] Ähnlich findet sich das in zahlreichen Romanen des neunzehnten Jahrhunderts. Den »zusätzlichen Reiz« des »graziösen Hinkens« der Doña Catalina de Chávez kennen auch die Erzählungen der »Tradiciones Peruanas« von Ricardo Palma (1833 bis 1919).

Friedrich Wilhelm Hackländer hat in seinem Roman »Der Augenblick des Glücks« (zuerst 1857) als La-Vallière-Figur die Prinzessin Elise: »Hatte man sich aber an das Gesicht der Prinzessin einmal gewöhnt, so fand man es anziehend und reizend, namentlich durch die Zartheit der einzelnen Partien, besonders aber durch die Fülle von Geist – und Bosheit, die aus den dunkelblauen Augen leuchtete. Und dieser Ausdruck der Bosheit – wohlverstanden im guten Sinne, man könnte also sagen, der Schelmerei – verriet das Innere der Dame. Dabei hinkte sie ein wenig, und gerade dieser Fehler war es, der ihrer ganzen Figur etwas außerordentlich Pikantes

agrément de plus.‹« Zitiert nach: Mélanges Historiques, Satiriques et Anecdotiques de M. de B. Jourdain, Tome Premier, Paris 1807, S. 43.

18 »Et il arriva même si souvent que le géneral s'arrêta devant Céleste pour la voir marcher, car sa légère infirmité lui était une grâce des plus« und so weiter. Zitiert nach der Neuausgabe, Paris 1958, S. 248.

verlieh, denn sie wusste das durch ein eigentümliches Hin- und Herwiegen ihres kleinen Körpers so geschickt zu verbergen, sie wandte sich im Gespräch so rasch bald rechts, bald links, und dabei schossen ihre Augen so durchdringende Strahlen nach allen Seiten, dass man von der ganzen Erscheinung überrascht, ja geblendet war.«[19]

Im achtzehnten Jahrhundert wird das Paradox verstetigt, verbürgerlicht und zugleich um seine intellektuelle Schärfe gebracht, galant und frei verfügbar. Eine Frau wird 1772 besungen, bezaubernd wie ihre Mutter und im Gang wie ihr Vater:

---

19 Ich zitiere nach der Ausgabe Leipzig 1925, S. 28f. Ansonsten ist die schöne Hinkende doch weitgehend ein Privileg der Romanen, vor allem der Franzosen, die auch in dieser Hinsicht den Geschmack bestimmten. Nichts bezeichnender als die Übersetzung von Christian Fürchtegott Gellerts harmloshumoriger Fabel vom Land der Hinkenden ins Französische: »J'apperçois certain amoureuse/Charmante à la démarche près,/ Et qu'importe? Vénus boiteuse/Auroit encore milles attraits!« Dieser Gedanke war dem braven Gellert völlig fremd, er findet sich in seiner Fabel nicht. Hier zitiert nach Gellert, Fables et Contes, Paris 1754, S. 62. Die Nachwirkung des La-Vallière-Bildes reicht bis zu den Surrealisten: »*Queneau*: Mag Péret Frauen, die hinken? *Péret*: Ich ekele mich davor wie vor allen Gebrechen. *Morise*: Ist jemand anderer Meinung? *Queneau*: Mich interessiert das sehr.« (Untersuchungen über die Sexualität, in: Als die Surrealisten noch recht hatten. Texte und Dokumente, hrsg. von Günther Metken, Stuttgart 1976, S. 123. Die Recherches sur la sexualité, ein kollektives Gespräch der surrealistischen Gruppe, erschienen zuerst in der Zeitschrift La Révolution Surréaliste im März 1928). Queneau war stark kurzsichtig. Die kurzsichtige und leicht hinkende Clémence tritt in seinem Roman Les enfants du limon, 1938, auf.

Sur une belle boiteuse

Vulcain & la mere d'Amour
A Sylvie ont donné le jour.
Elle a les charmes de sa mere,
Et la démarche de son pere.

Ein zweites Gedicht aus dieser Sammlung spricht den »praktischen« Ehegatten an:

A un mari commode

Ta femme est boiteuse, mais belle.
Tu n'a pas le défaut de cet objet divin:
Change la démarche avec elle;
Elle sera Venus, & tu seras Vulcain.[20]

(»Deine Frau hinkt, ist aber schön. Du hast nicht den Fehler dieses göttlichen Wesens: Tausch doch den Gang mit ihr, sie wird Venus sein und du Vulkan.« Übers. L.J.) Damit ist aber schon die vollendete Harmlosigkeit der Paradoxierung erreicht, sie wird ins Gefällige geschoben. Jean-Baptiste-René Robinet will 1779 wissen, dass eine Frau alles in Schönheit und Grazie wenden könne. »Le fameux Ovide, qui se connoissoit si bien en Beauté, avoit raison de dire, que lorsque Vénus, pour plaire à Mars, contrefaisoit la demarche boiteuse de son époux; ce clochement de pied lui seyoit à tel point, qu'il la rendoit plus vive,

20 Pierre Toussaint Masson, Poësies Badines et galantes, London 1772, S. 73 und S. 67.

& plus agréable aux yeux de son amant.«[21] Venus hinkt nun nicht mehr, um ihren Mann zu karikieren, wie bei Ovid (der Sinn seiner Verse wird schon gar nicht mehr verstanden, sondern im Sinne des La-Vallière-Mythos umgedeutet), vielmehr um Mars zu gefallen. Sie sei in seinen Augen durch das Hinken des Fußes, das ihr so gut stand, angenehmer geworden, erfreulicher, ansprechender.[22] Von Ponce-Denis Écouchard-Lebrun (1729 bis 1807, genannt »Lebrun Pindare«) gibt es zwei Gedichte zu diesem Sujet: »Sur une jolie boiteuse qui avait un mari boiteux et jaloux« und »A une charmante boiteuse«.[23]

Auch der »Mercure de France« veröffentlichte im Mai 1772 ein Gedicht, das man typisch nennen darf:

À une dame brune & boiteuse, qui avoit demandé
à l'auteur un épigramme contre elle

Du noir Vulcain vous tenez la naissance,
Certain air de famille existe entre vous deux:

---

21 Im Kapitel »Beauté« seines Dictionnaire universel des sciences morale, économique, politique et diplomatique, Band 7, London 1779, S. 556.

22 Ähnlich schon der Marquis d'Orbessan: Mars zuliebe habe sie den Gang des Vulkan nachgeahmt, und das Hinken des Fußes habe ihr so gut gestanden, dass es sie lebhafter und liebreizender für ihren Liebhaber gemacht habe – »qu'il la rendoit plus vive, & plus agréable aux yeux de son amant«. Mélanges Historiques, Critiques, de Physique, de Littérature et de Poésie Teil 3, Paris 1768, S. 14.

23 Petits Poètes Français, depuis Malherbe jusqu'à nos jours, Paris 1749, S. 573 und S. 570.

Comme lui vous traînez une jambe en cadence
Et portez sur vos traits assez forte nuance
De la couleur du forgeron des dieux.
Mais ne rougissez pas de l'avouer pour père,
À gentille déesse on dit qu'il fut uni;
Je le vois bien, & la preuve en est claire,
Car à travers votre teint embruni
On reconnoît les traits de votre mere.

Das Gedicht stammt von einem Lubert, von dem nichts Näheres bekannt ist.[24] (»Vom schwärzlichen Vulkan stammst du her, es gibt eine gewisse Familienähnlichkeit zwischen euch: Wie er ziehst du ein Bein in Kadenz (in diesem Fall nicht musikalisch gemeint, sondern von der Reitkunst: Ein Pferd, das »kadenziert« geht, entfernt den Huf weiter vom Boden) und trägst in deinen Zügen auch eine Nuance, stark genug, von der Farbe des Götterschmiedes. Aber erröte nicht, wenn du deinen Vater eingestehst, einer reizenden Göttin, so sagt man, war er vereint; ich seh' es sehr gut, und der Beweis davon ist klar, denn durch deinen dunklen Teint hindurch erkennt man die Züge deiner Mutter.« Übers. L. J.)

Dies alles tändelt sich durchs achtzehnte Jahrhundert hin, es wird allgemein. Auf den beschränkten Raum der frühneuzeitlichen virtuos-gelehrten und paradoxen Elitenkommunikation folgte die Verste-

24 Zitiert nach Mercure de France, Mai 1772, S. 39.

tigung und Popularisierung des La-Vallière-Mythos, und deren Möglichkeiten sind irgendwann ausgereizt. So stand es am Ende des achtzehnten Jahrhunderts.

Der Volksdichter Pierre-Jean de Béranger (1780 bis 1857), dem selbst Goethe den Beifall nicht versagte, rauht das Sujet auf, er schreibt nun ein sehr anzügliches, geradezu volkstümlich-derbes Gedicht über die Hinkende. Er sieht sie graziös vor sich gehen, und ihr Schwanken – eigentlich ihr Hinternwackeln – wird drastischer ausgesprochen. Der galante mythologische Apparat des Ancien régime, dessen Benutzung ausgeschöpft war, der ausgepresst worden war bis zum letzten lyrischen Tropfen, wurde abgeworfen.

La Boiteuse

Qu'elle est gentille, la boiteuse
Qui, marchant hier devant moi,
Avec une grâce amoureuse,
Tortillait, vous savez bien quoi.

Boiteuse gentille,
J'y mettrai du mien;
Tortille, tortille,
Tortille-toi bien.

Elle a la peau douce et tendue,
Et déployant d'heureux contours,
Sa croupe agaçante et dodue,

Semble faire signe aux amours,
Boiteuse, etc.

L'abordant de façon adroite,
Je lui dis ces mots si connus:
Ce n'est qu'avec femme qui boite,
Qu'on sent tout le prix de Vénus.
Boiteuse, etc.

Pour un tendron qui se trémousse,
Maint objet que nous attaquons,
Veut que dix fois notre vin mousse
Et n'ose agiter les flacons.
Boiteuse, etc.

Comme elle est tendre et bonne fille;
Je puis, au premier coup de main,
Juger avec quelle béquille
Elle a fait le plus de chemin.
Boiteuse, etc.

De plaisir j'ai l'àme enivrée,
Et je conclus, d'après mes goûts,
Qu'autrefois dame Cythérée
Boitait non moins que son époux.

Boiteuse gentille,
J'y mettrai du mien;
Tortille, tortille,
Tortille-toi bien.[25]

---

25 Pierre Jean de Béranger, Œuvres completes, Band 4, Paris 1834, S. 112.

(»Wie reizend sie doch ist, die Hinkende, die da vor mir geht, mit einer verführerischen Grazie, sie wackelt, ihr wisst schon mit was. Reizende Hinkende, wackele nur gut! Ich geb noch was dazu! Ihre Haut ist weich und gespannt, und indem sie ihre glücklichen Umrisse zeigt, scheint ihr aufreizender und fleischiger Hintern der Liebe Zeichen zu geben. Indem ich sie offen anspreche, sage ich ihr diese wohlbekannten Worte: Man spürt nicht den ganzen Wert der Venus als nur mit einer hinkenden Frau. Für ein junges Ding, das mit den Hüften wackelt, möchte so manches Ziel, das wir verfolgen, dass unser Wein noch zehnmal mehr schäumte, und wagt doch nicht, die zarten Gefäße zu erschüttern. Wie zart sie ist, das gute Mädchen, ich kann bei der ersten Attacke beurteilen, an welcher Krücke sie den meisten Weg zurückgelegt hat. Vor Lust ist meine Seele wie im Rausch, und ich schließe, nach meinem Geschmack, dass einst die Dame von Cythera nicht weniger hinkte als ihr Gemahl.« Übers. L. J.)

Exkurs über das Schielen

Bei Dante waren die Augen der Beatrice das Hauptfaszinosum, sie sind es eigentlich, die den Dichter durch die Himmelssphären geleiten. Das setzt sich in der petrarkistischen Liebeslyrik fort. Aber auch hier die Umdeutung!

Der Spanier Francisco de Quevedo (1580 bis 1645) gehört nun ganz in diese Zeit, da man Schönheitsfehler positivierte.[1] Muss man erwähnen, dass Quevedo selber eine Brille trug (weshalb Brillen zeitweise »quevedos« hießen) und dass er hinkte? Was in Italien »Marinismo« heißt, das ist in Spanien der »conceptismo«. Die Möglichkeiten der Metaphern und Anspielungen werden unendlich erweitert, um die Überraschung zu steigern. Das Gedicht von Quevedo jedenfalls ist ein Feuerwerk der Paradoxien und unerwarteten Vergleiche:

A una dama bizca y hermosa

Si una parte miraran solamente
vuestros ojos, cual parte no abrasaran?

1 Vgl. den instruktiven Aufsatz von Rodrigo Cacho Casal, Entre alabanza y parodia: bizcas, tuertas y ciegas en la poesía amorosa de Quevedo, in: La Perinola, Revista de investigación quevediana, Heft 9, 2005, S. 19–32.

Y si a diversas partes no miraran,
se helaran el ocaso o el Oriente.

El mirar zambo y zurdo es delincuente;
vuestras luces izquierdas lo declaran,
pues con mira enganosa nos disparan
facinorosa luz, dulce y ardiente.

Lo que no miran ven, y son despojos
suyos cuantos los ven, y su conquista,
da a l'alma tantos premios como enojos.

Qué ley, pues, mover pudo al mal jurist
a que, siendo monarcas los dos ojos,
los llamase vizcondes de la vista?[2]

(»Wenn Eure Augen auf *einen* Ort blickten, welchen Ort würden sie nicht entflammen? Und wenn sie nicht auf verschiedene Orte blicken würden – West oder Ost würden im Eis erfrieren. Euer x-beiniger, linkshändiger (im Sinne von: hilfloser) Blick ist verbrecherisch, Eure linken (auch dies wohl im Sinne von ›schiefen‹, ›krummen‹ oder ›linkischen‹) Lich-

2 In der letzten Zeile handelt es sich um ein Wortspiel zwischen »bizca«, schielend, und »vizconde«, Vicomte. Auch Adimari, dessen wir schon anlässlich seines Gedichts auf die schöne Hinkende gedachten, hat ein Gedicht auf die »Schöne Schielende« verfasst, das wiederum Abschatz übersetzte. Abschatz ließ es sich nicht nehmen, einen eigenen Versuch beizusteuern: »Die Nimphe/die mit Fleiß zertheilt der Augen Schein/Weiß mit mehr Kunst und Gunst die Hertzen zu entzücken/Als wenn sie auff einmahl uns wolten äschern ein.« Abschatz, S. 184.

ter (das sind die Augen) erklären es, denn mit täuschendem Anblick schießen sie auf uns, ruchloses Licht, süß und leidenschaftlich brennend. Worauf sie nicht schauen, das sehen sie, und was sie sehen, ist ihre Beute, und ihre Eroberung bringt der Seele so viel Lohn wie Verdruss. Welches Gesetz also bewog einen bösen Richter, Eure Augen, die Könige, Vizegrafen des Sehens zu nennen?« Übers. L. J.)

René Descartes (1596 bis 1650) aber war es, der dieser Passion philosophische Würde gab. In einem Brief vom 6. Juni 1647 schrieb er an Chanut: »Als ich noch ein Kind war, liebte ich ein Mädchen meines Alters, das ein wenig schielte, dadurch verband sich der Eindruck, den der Anblick ihrer verirrten Augen in meinem Gehirn hervorrief, mit demjenigen, der dort ebenfalls entstand, um in mir die Leidenschaft der Liebe zu erwecken, dass ich mich noch lange Zeit danach beim Anblick schielender Menschen mehr zu ihnen als zu anderen hingezogen fühlte, einzig weil sie diesen Mangel hatten.«[3]

---

3 Ferdinand Alquié, Descartes, Frommann 1962, S. 13 f. »Par exemple, lors que i'etois enfant, i'aimois une fille de mon age, qui estoit vn peu louche; au moyen dequoy, l'impression qui se faisoit par la veue en mon cerueau, quand ie regardois ses yeux égarez, se joignoit tellement à celle qui s'y faisoit aussi pour émouuoir en moy la passion de l'amour, que long-temps apres en voyant des personnes louches, ie me sentois plus enclin à les aimer, qu'a aimer d'autres, pour cela seul qu'elles auoient ce défaut.« Lettres de Mr. Descartes. Où sont traittées plusieurs belles questions, Angot 1667, S. 125.

Er gibt dann aber an, gerade durch seine Reflexion von dieser Vorliebe befreit worden zu sein: »Depuis que i'y ai fait reflexion, & que i'ay reconnu que c'étoit vn defaut, ie n'en ay plus esté emeu.«

Descartes spielt für die Literatur- und Faszinationsgeschichte des Schielens die gleiche Rolle wie Montaigne für die des Hinkens: Er gab eine erste Rechtfertigung der Schönheit des Abweichenden. Aber seine Antwort auf die Frage, warum die schielenden Frauen ihn besonders reizten, führt nicht unbedingt weiter, er formuliert nur einen Ursprungsmythos im rationalistisch und mechanistisch gestimmten Zeitalter. Der Widerspruch ist doch das Beste. Es mag nämlich ähnlich liegen wie bei Montaigne, der seine eigene Leitmetapher der Bewegung als Grund seiner Beschäftigung mit den Hinkenden verkannte. Descartes – keiner, der sich über Klarheit und Transparenz mehr Gedanken gemacht hätte als dieser Philosoph, und keiner schließlich, der in seiner Philosophie noch den entlegensten Gleichnisreden der Klarheit, etwa in der Optik, mehr Aufmerksamkeit geschenkt hätte: Unter anderem experimentierte er mit den Linsen von Ochsenaugen. Man hat von ihm eine »Dioptrik«, in der er den Gesetzen der Strahlenbrechung nachging (»La Dioptrique«, 1637). Und doch – oder vielmehr deshalb! – war er es, der Begründer der Klarheitsrhetorik, der gestand, er sei geradezu verrückt nach schielenden Frauen. Vielmehr könnte man also fragen, ob es sich nicht um eine fast providentielle Neigung handelte: Konnte er denn anders, als seinen Theorien das schöne Gegengewicht des holden Silberblicks beizugeben? Gehört nicht beides in einer höheren Harmonie zusammen?

Durs Grünbein hat sich in seinem langen Gedicht »Vom Schnee oder Descartes in Deutschland« (2003) die neue Passion nicht entgehen lassen:

»Gib zu, sie schielt.« Der Held verstummt. »Hast du gehört?«
»Und wenn, was macht das schon?« »Es macht sie – très apart.
Ein leichter Silberblick, und voilà, ich bin betört.
Als hätte die Natur auf diesen einen Augenblick gespart.
Ich kann nichts tun: sobald ich seh, ein Mädchen schielt,
Bin ich wie magisch von ihr angezogen.« – »Herr,
Was für ein Spiel ist das, was ihr da mit mir spielt?«
»Ein Makel, nicht? Doch ihm zu widerstehn, fällt schwer.
Von Schultern, Schenkeln im Zusammenziehn entzückt,
Bin ich nach Augen, wenn sie schielen, schier verrückt.«[4]

Quevedo hatte indes nicht nur ein Gedicht auf die schielende Schönheit, sondern auch eines über eine einäugige und sehr ansprechende Dame geschrieben – »A una dama tuerta y muy hermosa« –, ebenso Lope de Vega. Aber nicht nur die Philosophen und Dichter, sondern auch die Chronisten der

---

4 Durs Grünbein, Vom Schnee oder Descartes in Deutschland, Frankfurt am Main 2003, S. 70. Allerdings blendet Grünbein Descartes' »Selbsttherapie« mittels Reflexion aus. Das gehört, wie bei Montaigne, zu den Ironien der Rezeptionsgeschichte.

europäischen Höfe hatten das Reizpotential solcher Damen erkannt. Die spanische Prinzessin Eboli, Ana de Mendoza y de la Cerda (1540 bis 1592), einflussreich am spanischen Hof Philipps II., trug eine schwarze Augenklappe, und kein zeitgenössischer Bericht ließ sich dieses Detail entgehen, meist im Zusammenhang mit der Kolportage, dass sie ihren politischen Einfluss ihren Liebeskünsten verdankte. An Madame de Grignan schrieb die Madame de Sévigné am 19. Februar 1672 missgünstigen Hofklatsch in einer ähnlichen Angelegenheit (die erwähnte »borgnesse« ist eine Einäugige): »Nous avons fort causé, Guitot et moi, de notre ami, qui est si sage, et qu'il craint tant. Lui n'ose vous mander un accident qu'on croit qu'il lui est arrive, c'est d'etre passionément amoureux de la borgnesse, fille du maréchal; c'est amour, fureur, à ce qu'on dit. Il s'en defend comme d'un meurtre; mais ses actions le trahissent; il sent le ridicule d'être amoureux d'une personne ridicule; il est honteux, embarrassé; mais ce bel œil l'a charmé. *Cet œuil charmant qui n'eut jamais / Son pareil en divins attraits.*«[5] Man kannte am Hof Ludwigs XIV. auch das Gerücht, in die Liebe sei er (mit fünfzehn Jahren) von der einäugigen Madame de Beauvais initiiert worden.[6]

---

5 Lettres de madame de Sévigné, de sa famille, et de ses amis, Band 2, Paris 1822, S. 393.

6 So jedenfalls wissen es die »Mémoires« des Comte de Maurepas, Paris 1792, S. 27.

Unter den Dichtern ist aber vor allem auch Charles Baudelaire zu nennen. Über Sarah, eine schielende jüdische Prostituierte, in die er verliebt war, schrieb der Neunzehnjährige in dem Gedicht »Sarah La Louchette« eine Feier der Abweichung: »Ihr Auge schielt, doch wunderbar ist ihres Blickes/Berührung, der in Wimpernpracht das Herz entflammt.«[7] Die deutsche Sprache kennt den charmanten »Silberblick«. Aus der französischen und italienischen Wortgeschichte des positivierten Schielens lassen sich weitere Aufschlüsse gewinnen. In einem Gespräch mit dem James-Bond-Erfinder Ian Fleming, das die Zeitschrift »Harper's Bazar« im November 1964 druckte, äußerte sich der Kriminalschriftsteller Georges Simenon über Schönheit und Abweichungen: »What we consider beautiful in a woman is just the little difference! So the more little difference they have, the more chance they have to catch a man. It's the same with the eyes: a little difference can be attractive.« Und Simenons Frau fügte hinzu: »Yes, we call it in French *une coquetterie de l'œil.* It means eyes which are not crossed but just a little, little bit out of alignment. My daughter has it. It gives so much life to her eyes.«[8]

Die französische Art, von einer »Koketterie des Auges« zu sprechen, führt zum Kern der Sache.

7 Zitiert nach: Die Aktion, Band 3, Nachdruck, Stuttgart 1961, S. 143. »Elle louche, et l'effet de ce regard étrange/Qu'ombragent des cils noirs plus longs que ceux d'un ange.«

8 www.trussel.com/maig/fleming.htm.

Das Tiefste zur Koketterie hat der Soziologe und Kulturtheoretiker Georg Simmel gesagt: »Der Koketterie in ihrer banaleren Erscheinung ist der Blick aus dem Augenwinkel heraus, mit halbabgewandtem Kopfe, charakteristisch. In ihm liegt ein Sich-Abwenden, mit dem doch zugleich ein flüchtiges Sich-Geben verbunden ist, ein momentanes Richten der Aufmerksamkeit auf den anderen, dem man sich in demselben Momente durch die andere Richtung von Kopf und Körper symbolisch versagt. Dieser Blick kann physiologisch nie länger als wenige Sekunden dauern, so dass in seiner Zuwendung schon seine Wegwendung wie etwas Unvermeidliches präformiert ist. Er hat den Reiz der Heimlichkeit, des Verstohlenen, das nicht auf die Dauer bestehen kann, und in dem sich deshalb das Ja und das Nein untrennbar mischen. Der volle En-face-Blick, so innig und verlangend er sei, hat nie eben dies spezifisch Kokette. In derselben Oberschicht koketter Effekte liegt das Wiegen und Drehen der Hüften, der ›schwänzelnde‹ Gang. Nicht nur, weil er durch die Bewegung der sexuell anregenden Körperteile sie anschaulich betont, während zugleich doch Distanz und Reserve tatsächlich besteht – sondern weil dieser Gang das Zuwenden und Abwenden in der spielenden Rhythmik fortwährender Alternierung versinnlicht.«[9] Im Silberblick ist also,

---

9 Georg Simmel, Psychologie der Koketterie, in: ders., Soziologische Ästhetik, Wiesbaden 2009, S. 146.

nach der französischen Auffassung, die Koketterie gleichsam auf Dauer gestellt, zu einem festen, über die Situation hinausgreifenden Ausdruck geworden.

Ralf Rothmann hat in seinem 1998 erschienenen Roman »Flieh, mein Freund« den Gedanken aufgenommen und die italienische Version gegeben: »›Wie heißt das noch? Strabismo de Vénere, glaub ich.‹ ›*Was?*‹ ›So nennen es die Italiener, das Schielen der Venus. Damit meinen sie diesen hauchzarten, kaum merklichen Silberblick bei den Frauen. Er wird als Zeichen von Kraft und sexueller Vitalität gedeutet.«[10] Auch diese italienische Auffassung geht auf Ovid zurück. Schielt die Geliebte, dann sag ihr, sie schaut wie die Venus (»Si paeta est, Veneri similis«, Ars Amatoria 2, 659). Kein echtes Schielen war hier gemeint – so dachte die Antike von den Göttern nicht –, sondern ein koketter Blick aus dem Augenwinkel, ganz wie Simmel die Sache verstand. Das lateinische Wort »strabo«, das echte Schielen, ist aber stärker als »paetus«, das Ovid verwendet. Nur um der schielenden Geliebten zu schmeicheln, wird ihr Blick dem koketten der Venus verglichen. Bei Berthold Auerbach ist der Zusammenhang im neunzehnten Jahrhundert noch etwas verstärkt: »Leider hat sie den Fehler, dass sie schielt und zwar mit einem so süßen Ausdruck, als wären ihre Augen mitten in einem schmachten-

10 Ralf Rothmann, Flieh, mein Freund, Frankfurt am Main 1998, S. 85.

den Liebesblick für immer stehen geblieben.«[11] In einem patriotischen Feuilleton hat der Literat Emile Villars den Geschmack seines Landes auf den Begriff gebracht, als er eine Eloge des pariserischen Frauentypus verfasste: Sie kann bewundernswert hässlich sein, und eine Behinderung ist für sie zuweilen nur ein Reiz oder eine Faszination mehr. Ich, für meinen Teil, war wie verrückt verliebt in eine Pariserin, die schielte, aber sie schielte ganz sicher nicht wie es eine Deutsche getan hätte oder sogar eine Frau aus der Provinz, und nirgendwo als in Paris, mein Lieber, konnte ein König – und was für ein König! – für eine Hinkende närrisch werden![12]

Im Roman ist vor allem Jekaterina Michailowa Maslowa zu nennen, Leo Tolstois Protagonistin des Romans »Auferstehung« (1899). Sie ist eine Verführte, Herabgesunkene, aber nicht durch eigene Schuld, und ihr Schicksal wird ebenso für sie wie für ihren adligen Verführer zu einer nun ins Ethische umgedeuteten »Auferstehung«. Fast immer, wenn die Maslowa die Szene betritt, gedenkt der Autor ihrer Augen: »Während sie die auf sich gerichte-

11 Berthold Auerbach, Das Landhaus am Rhein, Band 2, Stuttgart 1869, S. 28.

12 »Elle peut être adorablement laide, et pour elle un infirmité est quelquefois une grâce ou un excitant de plus. J'ai été, pour mon compte, amoureux fou d'une Parisienne qui louchait, mais qui ne louchait certainement pas comme eût fait une Allemande et même une provincial, et c'est n'est qu'à Paris, mon cher, qu'un roi de France – et quel roi! – a pu faire des folies pour une boiteuse!« Emile Villars, Le Roman de la Parisienne, Paris 1866, S. 122.

ten Blicke fühlte, schielte sie unmerklich, ohne den Kopf zu drehen, auf diejenigen, die sie ansahen, und die auf sie gerichtete Aufmerksamkeit freute sie.«[13] Das Thema wird angespielt, noch ohne weitere Bedeutung. Dann aber gewinnen die Augen einen freundlichen Akzent: »Die Maslowa stand mit rascher Bewegung auf, und mit einem Ausdruck von Bereitwilligkeit, ihren hohen Busen herausdrückend, sah sie, ohne zu antworten, gerade in das Gesicht des Vorsitzenden mit ihren lächelnden, ein wenig schielenden schwarzen Augen.«[14] »Trotz der unnatürlichen Weiße und Fülle des Gesichts war diese Eigentümlichkeit da, die schöne, ausschließliche Eigentümlichkeit in diesem Gesicht, in den Lippen, in den ein wenig schielenden Augen, und hauptsächlich in diesem naiven, lächelnden Blick.«[15] Am Ostersonntag (das Auferstehungs-Thema wird angespielt) kommt es zu einem Kuss, »indem sie ihm mit ihren ergebenen, jungfräulichen, liebenden, ganz wenig schielenden Augen gerade in die Augen sah«[16]. Der Verführer reist ab, »und Katjuscha, mit den Tanten auf der Treppe stehend, (sah ihm) mit ihren schwarzen, tränenerfüllten und ein wenig schielenden Augen nach.«[17] »Das

---

13 Leo Tolstoi, Auferstehung, aus dem Russischen von Ilse Frapan, Frankfurt am Main 2012, S. 14.

14 a.a.O., S. 48.

15 a.a.O., S. 49.

16 a.a.O., S. 83.

17 a.a.O., S. 69.

war sie – Katjuscha. Immer dieselbe, noch holder als früher. Ebenso von unten schauten ihre lächelnden, naiven, ein ganz klein wenig schielenden schwarzen Augen.«[18] Und vor Gericht: »Katjuscha sah auf die Wirtin, dann aber wendete sie plötzlich die Augen auf die Geschworenen, ließ sie auf Nechliudow ruhen, und ihre Gesicht wurde ernst und sogar streng. Das eine ihrer strengen Augen schielte. Sehr lange waren auf Nechliudow diese zwei seltsam blickenden Augen gerichtet, und trotz der Furcht, die ihn ergriff, konnte er seinen Blick nicht von diesen schielenden Augen mit dem hellen Weiß abwenden.«[19] Eine erste ethische Reflexion des Verführers führt auf das Motiv zurück – »und plötzlich entstand in seiner Phantasie seltsam lebendig die Gefangene mit den schwarzen, schielenden Augen.«[20] Auch Tolstoi kommt ohne mythologischen oder gelehrten Apparat aus. Aber: Im Blick, in seinen immer neuen Nuancen, in den stets neuen Varianten der Beschreibung dieses Leitmotivs, lässt sich die ganze Geschichte dieser Liebe erzählen. Das Schielen ist Teil ihrer Anziehungskraft.

---

18 a. a. O., S. 76.
19 a. a. O., S. 96.
20 a. a. O., S. 140.

Ästhetische Theorien: Friedrich Schlegel und Victor Hugo

EINE Theorie dieser spezifisch modernen Ästhetik gibt nach den Dichtungen der Marinisten und der Agudeza-Rhetorik wohl erstmals Friedrich Schlegel (1772 bis 1829) in seiner Jugendschrift »Über das Studium der griechischen Poesie« (1797).[1] Schlegels Denkbewegung blieb, über alle Brüche und Konversionen hinweg, der einen Frage nach den »Tendenzen des Zeitalters« und der Definition der eigenen Epoche verpflichtet, und insofern ist er ein eminenter Zeuge des Neuen. Die Moderne – für Schlegel die romantische Kunst – steht nicht mehr unter der Herrschaft des Ideals wie die Antike, sondern hat das Begriffsnetz verschoben: Herrschend geworden sind das Neue, »Interessante«, das »Piquante« und das »Frappante«, schließlich das »Choquante«. Schlegel schließt: »Aus diesem Mangel der Allgemeingültigkeit, aus dieser Herrschaft des Manierierten, Charakteristischen und Individuellen, erklärt sich von selbst die durchgängige Richtung der Poesie, ja der ganzen ästhetischen Bildung der Moder-

1 Im folgenden zitiert nach: Friedrich Schlegel, Kritische Schriften, München 1984.

nen aufs Interessante.«[2] Es mag überraschen, den frühen Schlegel hier noch ganz im Bann des antiken Ideals zu sehen und sehr modernitätskritisch, schon bald vertrat er ganz andere Positionen in der ästhetischen Theorie. Dennoch hat die Jugendschrift in ihrer diagnostischen Schärfe etwas für sich: »Die Herrschaft des Interessanten ist durchaus nur eine *vorübergehende Krise* des Geschmacks: denn sie muß sich endlich selbst vernichten. Doch sind die zwei Katastrophen, unter denen sie zu wählen hat, von sehr verschiedner Art. Geht die Richtung mehr auf ästhetische Energie, so wird der Geschmack, der alten Reize je mehr und mehr gewohnt, nur immer heftigere und schärfere begehren. Er wird schnell genug zum Piquanten und Frappanten übergehn. Das *Piquante* ist, was eine stumpfgewordne Empfindung krampfhaft reizt; das *Frappante* ist ein ähnlicher Stachel für die Einbildungskraft. Dies sind die Vorboten des nahen Todes. Das *Fade* ist die dünne Nahrung des ohnmächtigen, und das *Choquante,* sei es abenteuerlich, ekelhaft oder gräßlich, die letzte Konvulsion des sterbenden Geschmacks.«[3] Die »strebende Kraft, nachdem sie sich in Erzeugung einer übermäßigen Fülle des Interessanten erschöpft hat«, werde »sich gewaltsam ermannen, und zu Versuchen des Objektiven übergehn. Daher ist der echte Geschmack in unserm Zeitalter weder

2 a.a.O., S. 139.
3 a.a.O., S. 140f.

ein Geschenk der Natur noch eine Frucht der Bildung allein, sondern nur unter der Bedingung großer sittlicher Kraft und fester Selbständigkeit möglich.«[4] Zieht man Schlegels Wertungen einmal ab – und es muss jedenfalls gesagt werden, dass der eminente Theoretiker in dieser Schrift schon von »entarteter Kunst«[5] spricht, dass er andererseits in der Vorrede schon eine halbe Distanzierung andeutet: »Die Freunde der modernen Poesie werden die Einleitung der Abhandlung über das Studium der griechischen Poesie nicht als mein Endurteil über die moderne Poesie missdeuten«[6] –, so bleibt eine scharfsinnige Theorie dessen, was wir auf diesen Seiten betrachtet haben.

---

4 l.c.

5 a.a.O., S. 141.

6 a.a.O., S. 106f. Unter den Ästhetikern, die das Problem überhaupt wahrnahmen, ist Eduard von Hartmann. »Eine (...) ästhetische Verwirrung entspringt bei den Künstlern gewöhnlich aus der Erfahrung, dass die abnormen Gestalten der Dichtung (...) besonderes ästhetisches Interesse erregen. (...) Der Künstler sieht, dass man sich für eine abnorme Gestalt besonders interessirt und greift das äußerliche Merkmal ihrer Abnormität als vermeintliche Ursache dieses Gefallens heraus, anstatt sie in der charakteristischen Schönheit zu suchen; er sieht, dass Rothaarige, Schielende, Bucklige, Hinkende, Schwindsüchtige, Sonderlinge, Excentrische, Übergeschnappte und Narren in Kunstwerken thatsächlich ihren Platz finden und ahmt diese Abnormitäten nach unbekümmert um die ästhetische Rechtfertigung (...). Hat das Publikum (...) sich erst an solche Verirrungen gewöhnt, so ist es kaum noch möglich, durch gesunde und normale Kunstprodukte ein tieferes Interesse bei demselben zu erregen (...).« Dies nennt er die »entartete Kunstrichtung«. (Eduard von Hartmann, Philosophie des Schönen, Leipzig 1887, S. 239)

Eine Generation jünger als Friedrich Schlegel, aber für die Theoriebildung der französischen Romantik so bedeutend geworden wie Schlegel für die deutsche, ist Victor Hugo (1802 bis 1885). Seine »Préface de Cromwell«[7], das eigentliche Manifest der französischen Romantik, deutet die Moderne als Erbin des christlichen Geistes, indem sie den Bereich des Schönen erweitert. »So haben wir also eine neue Religion, eine neue Gesellschaftsform; auf diesem zweifachen Fundament muss eine neue Dichtung erstehen. Bis zu dieser Zeit hatte die ausschließlich epische Dichtung der Alten, ebenso wie der Polytheismus und die antike Philosophie, sich mit der Natur nur von einem einzigen Gesichtspunkt aus befasst und aus der Kunst nahezu alles, was in der zur Nachahmung sich darbietenden Welt nicht einer bestimmten Vorstellung vom Schönen entsprach, erbarmungslos verbannt. Eine ursprünglich herrliche Vorstellung, die aber, wie es allem Systematisierten ergeht, in späterer Zeit unwahr, kleinlich und konventionell geworden war. Das Christentum führt die Dichtung zur Wahrheit. Wie das Christentum wird nun die Muse der Modernen die Dinge mit einem höher und weiter reichenden Blick erfassen. Sie spürt, dass in der Schöpfung nicht alles im menschlichen Sinne schön ist, dass

7 Victor Hugo, Vorrede zum Cromwell, hier zitiert nach der unpaginierten Online-Version www.matoni.de/modlyr/hugocro1.htm.

es Hässliches gibt neben dem Schönen, Missgestaltetes dicht beim Anmutigen, Groteskes hinter dem Erhabenen, Schlechtes zugleich mit dem Guten, Schatten mit dem Licht.« Was bei Schlegel das »Interessante«, ist bei Hugo gesteigert zum »Grotesken«. Man muss nur an Quasimodo denken, den Glöckner von Notre-Dame, um sein vitales Interesse an einer Neuformulierung der Ästhetik zu verstehen. Tatsächlich hat auch er die Figur der Clochon-Clochette, einer »petite jolie boiteuse« einmal skizziert.[8]

8 Victor Hugo, Œuvres Complets, Théâtre V, Paris 1911, S. 532.

Der Roman des neunzehnten Jahrhunderts

NICHT mehr eine Ianete, eine Sylvie, Chloris oder Aglaia treten nun auf, wie aus einer schäferischen Rokoko-Welt stammend, und nicht mehr das anonyme hinkende Mädchen. Der Roman, sei es bei Balzac, bei Zola oder bei Benito Pérez Galdós, gibt seinen Protagonistinnen einen Namen, eine Geschichte und Handlungsfähigkeit – zwar noch ganz im Rahmen einer von Männern entworfenen fiktionalen Welt, aber es ist ein Schritt hinaus über die Gesichtslosigkeit.

Honoré de Balzac (1799 bis 1850) war ein Analytiker der Leidenschaften. So hat ihn Ernst Robert Curtius in seiner schönen Balzac-Monographie gesehen, als er in den Leidenschaften das große, übergreifende Motiv seiner Romanfiguren erkannte: »Was Balzacs Werk zeitlos groß macht, ist nicht die Sittenschilderung, oder was man sonst rühmen mag: es ist sein Gehalt an Leidenschaft.«[1] Und auch Georg Lukács hat sich gar nicht so anders als Curtius geäußert: Balzac schaffe »Gestalten, in denen (...) die inhaltliche Spannung des Themas als Leidenschaft, als

1 Ernst Robert Curtius, Balzac, Bern 1951, S. 90.

individuelle Bestrebung zum Ausdruck kommt.«[2] Erika Buttge wollte schon 1932 im Fieberhaften dieser Leidenschaften die innerseelische Ausformung des modernen Kapitalismus entdecken.[3]

Zu einer solchen Leidenschaft, die in allernächster Nähe des Kapitalismus steht, nämlich des bis zum Selbstruin entfesselten Gewinnstrebens, gehört auch die Alchimie, die Kunst der Stoffesveredelung, der sich Balthasar Claes in dem Roman »La Recherche de l'Absolu« verschreibt.[4] Er spielt um und nach 1812 in einer flämischen Welt im Norden Frankreichs, in Douai. Das Milieu der Familie Claes ist eines der wohlhabenden Nobilität, weit über das gewöhnliche bourgeoise hinaus. Und es ist voller Traditionen, auch spanischen: Man hat Grund- und Kunstbesitz. Balthasar Claes war in seiner Jugend ein schöner Mann. In dieses Milieu bricht eine katastrophale Leidenschaft ein, und sie begegnet in der überraschendsten Weise. Die Passion, die Balthasar (der bei dem berühmten Chemiker Lavoisier studiert hatte) verzehrt und das ganze Haus am Ende in den Ruin treibt, ist eben die Alchimie, für die er ein Vermögen (und das seiner Frau dazu) opfert.

---

2 Georg Lukács, Balzac und der französische Realismus, Berlin 1952, S. 50.

3 Erika Buttge, Balzac als Dichter des modernen Kapitalismus, Berlin 1932. Hier zitiert nach Willi Jung, Theorie und Praxis des Typischen bei Honoré de Balzac, Tübingen 1983, S. 57.

4 1834, deutsch »Der Alchimist«, Hamburg 1953, im folgenden nach dieser Ausgabe zitiert.

Auch dies gehört zur Analysis des Kapitalismus bei Balzac – der Stein der Weisen wird um des Geldes willen gesucht. Balthasar Claes hat sich nicht in der Epoche, nur in der Methode verirrt.

Josephine von Temninck, von spanischem Adel herstammend, die er geheiratet hat, ist von südlichem Teint, von vornehmer Eleganz, um die vierzig – und sie hat das »süßeste Lächeln«.[5] Aber sie ist bucklig und hinkt. Anders aber, als man es vermuten würde, entsteht daraus eine Steigerung, nicht Abschwächung der Leidenschaften. Für ihn kleidet sie sich schön: »Missgestaltete Menschen, die Geist besitzen oder eine schöne Seele, sind in ihrem Anzug von ausgesuchtem Geschmack.«[6] Dennoch hat sie während der Werbung die Sorge, dass Balthasar sich mit ihr nur verbunden hat, um eine Art Haussklavin zu halten – oder wegen eigener verborgener Gebrechen? »Diese kleine bucklige und hinkende Frau war deshalb nur länger Mädchen geblieben, weil man es sich in den Kopf gesetzt hatte, ihr Klugheit abzusprechen. Und doch gab es Männer, die von dem leidenschaftlichen Eifer ihres Verstandes, von den Merkmalen ihrer unerschöpflichen Zärtlichkeit ergriffen waren und die einem mit so viel Gebrechlichkeit fast kaum zu vereinbarendem Reize erlagen.«[7] Dann aber siegt die Leiden-

5 a.a.O., S. 25.
6 a.a.O., S. 39.
7 a.a.O., S. 23.

schaft: »Josephine von Temninck glaubte sich der Gegenstand einer Laune und weigerte sich, Herrn Claes anzuhören. Aber Leidenschaft ist ansteckend, und für ein verwachsenes, hinkendes junges Mädchen hat es etwas so Verführerisches, in einem jungen Mann Liebe zu entfachen, dass sie es zuließ, dass er ihr den Hof machte. Müsste man nicht ein ganzes Buch schreiben, um die Liebe eines jungen Mädchens zu schildern, dass nach der allgemeinen Ansicht für hässlich gilt, während es doch bei sich weiß, wie wirklich echte Gefühle unwiderstehliche Reize verleihen können.«[8] Sie stellt ihn auf die Probe: Sie lässt »allen Putz beiseite, der zum Teil ihre Missgestalt verbergen konnte. Und ihre spanischen Augen strahlten, wenn sie merkte, dass Balthasar sie auch im Hauskleid schön fand«.[9] Schließlich wird die Leidenschaft zu einem förmlichen Triumph gesteigert: »Und ist eine verwachsene Frau, die ihr Gatte schön findet, eine hinkende Frau, die ein Mann nicht anders haben will, eine alte Frau, die ihm schön erscheint, ist eine solche Frau nicht das glücklichste Geschöpf unter den Frauen? Keine menschliche Glückseligkeit kann darüber hinausgehen. Ist es nicht der Stolz einer Frau, das an sich angebetet zu wissen, was eigentlich ein Mangel zu sein scheint? Zu vergessen, dass eine hinkende Frau nicht gut geht, ist die Bezauberung eines Augen-

8 a.a.O., S. 34.
9 a.a.O., S. 37.

blicks; aber sie zu lieben, gerade weil sie hinkt, ist die Vergötterung ihres Gebrechens.«[10] Vielleicht, so fährt Balzac fort, »müsste man in das Evangelium der Frauen das Wort hineinschreiben: ›Selig sind die Unvollkommenen, denn ihnen gehört das Reich der Liebe.‹«[11] Und nun Balzacs Schluss aus der Analyse der Passionen: »So wurden die in der Geschichte berühmtesten Leidenschaften fast immer von Frauen eingeflößt, an denen der gewöhnliche Sterbliche Unvollkommenheiten sah: Kleopatra, Johanna von Neapel, Diana von Poitiers, Mademoiselle de la Vallière, Madame de Pompadour, die meisten Frauen, die die Liebe berühmt gemacht hat, waren nicht ohne Gebrechen oder körperliche Fehler, während die meisten, deren Schönheit uns als vollkommen geschildert wird, ihre Liebe haben unglücklich enden sehen.«[12] Balzac schreibt auch hier als Analytiker der Leidenschaften, in den bezauberndsten Worten, die echt französische La-Vallière-Tradition noch einmal steigernd – nie hat er einen leidenschaftslosen Menschen schildern können.

Man kann an dieser Stelle die Frage aufwerfen, ob das Lob der abweichenden Schönheit zwischen Weiblichem und Männlichem derart asymmetrisch

---

10 a. a. O., S. 41. Der französische Text sagt es um eine Nuance schärfer: »la déification de son vice«.

11 a. a. O., S. 41.

12 a. a. O., S. 42.

verteilt ist, wie es aus dieser Darstellung hervorgeht. Denn so ist es im allgemeinen tatsächlich. Für das Handicap eines Mannes gibt es kaum ein Modell, das im Hinblick auf den literarischen Einfluss mit dem La-Vallière-Mythos zu vergleichen wäre, nur ganz gelegentlich wird die dämonische Eleganz der klumpfüßigen Lord Byron und Tayllerand erwähnt. Es trifft sich aber, dass gerade Balzac in seinem Roman »Cäsar Birotteaus Größe und Niedergang« ein komplementäres Bild entworfen hat. Birotteau, ein Parfüm- und Kosmetikhändler, hat einen Angestellten namens Anselm Popinot, der insgeheim in Birotteaus wunderschöne achtzehnjährige Tochter Cäsarine verliebt ist. Anselm aber »war klein und hatte einen Klumpfuß, ein Gebrechen, das das Geschick auch Lord Byron, Walter Scott und Herrn von Tayllerand hat zuteil werden lassen, um die damit Behafteten zu trösten.«[13] Zudem ist der Einundzwanzigjährige rothaarig, er trägt das Zeichen des Außergewöhnlichen und im Aberglauben auch Dämonischen. Indes ist er ein hübscher, arbeitsamer, eifriger, wenngleich etwas schüchterner Junge, und die »Ängstlichkeit, die er seines körperlichen Gebrechens halber empfand, trug ihm hilfreiche Sympathien ein: Man beweist gern den Schwachen Liebe.« Nur von Popinots Liebe zu Cäsarine will Birotteau erst gar nichts wissen, er hat sie einem

13 Cäsar Birotteaus Größe und Niedergang, Hamburg 1953, S. 80.

anderen zugedacht. Geschäftlich fördert er ihn jedoch. »›Armer Kerl‹, sagte Birotteau, als er ihn quer durch den Tuileriengarten wegeilen sah, ›wenn ihn Cäsarine vielleicht doch lieb hat? Aber er hinkt doch und hat rote Haare, und die jungen Mädchen sind doch so empfindlich; nein, ich glaube nicht, dass Cäsarine ...‹«[14] Die Auflösung, die Balzac für dieses Problem entwickelt, ist ebenso rührend wie milde ironisch gegenüber der bürgerlichen Gefühlswelt. »Die Liebe ist eine in ihrem Grundwesen egoistische Leidenschaft.« Und wenn Cäsarine Anselm liebgewinnt, so zeugt dies ebensosehr für eine schöne Seele wie für kluge Berechnung.

Jedem, sagt Balzac, der nur auf das Ergebnis sieht, müsse es »auf den ersten Blick unwahrscheinlich oder merkwürdig vorkommen, dass ein schönes Mädchen, wie Cäsarine, sich in einen armen, hinkenden, rothaarigen Jungen verliebt haben könnte.«[15] Die »Arithmetik der Empfindungen der Bourgeoiskreise« lehre indes gerade das Gegenteil. Man brauche ja nur an die »erstaunlichen Liebschaften« zu denken, die »zwischen großen, schönen Frauen und kleinen Männern, zwischen kleinen, hässlichen Weibern und schönen, jungen Männern« zu beobachten seien. Und nun analytischer: »Alle Männer, die unter irgendeinem körperlichen Gebrechen leiden, an Klumpfüßen, Hinken, an Buckligkeit,

14 a.a.O., S. 104f.
15 a.a.O., S. 164.

ungewöhnlicher Hässlichkeit, an einem Brandmal oder Muttermal im Gesicht oder anderen derartigen Anormitäten, an denen die Erzeuger unschuldig sind, haben nur die Wahl, zwei Wege einzuschlagen: sich entweder gefürchtet zu machen oder eine ganz besondere Herzensgüte zu beweisen.« Im zweiten Fall bewirkt der gezeichnete Mann, »dass man ihn liebt, er passt sich der weiblichen Tyrannei wunderbar an und versteht besser zu lieben als die Leute von untadeliger Körperbeschaffenheit.« Und so, diese Kalkulation legt der Erzähler Cäsarines noch unbewussten Gefühlen unter, müsse der kleine Popinot »viel mehr als ein schöner Mann Beweggründe haben, eine Frau zu lieben. War die Frau schön, so würde er sie bis zu seinem letzten Lebenstage anbeten, er würde sich aufreiben, um seine Frau glücklich zu machen, er würde sie Herrin im Hause sein lassen und sich ihr gerne unterordnen.«[16] Auch malt sie sich für ihn gleich eine Karriere als Kaufmann wie als Bürgermeister aus. Weibliches Kalkül und Liebe als Passion, erwerbsbürgerlich versöhnt! Wieder erkennt man Balzac als den Schilderer der sozialen Klassen und ihrer Psychologie ebenso wie der großen Leidenschaften, das eine geht ins andere unmerklich über. »Sie bemerkte schließlich gar nicht mehr, dass zwischen dem linken und dem rechten Beine Popinots ein

16 a.a.O., S. 165.

Unterschied bestand, und sie wäre imstande gewesen, zu fragen: ›Hinkt er denn?‹«[17] Am Ende kriegen sich die beiden jungen Leute natürlich.

Wer von Dickens-Romanen zu Anthony Trollope (1815 bis 1883) übergeht, kann den Eindruck haben, vor einem dämonisch-genialen Puppenspieler in ein gutbürgerliches, heiter-gemäßigtes Südwestengland entkommen zu sein. In der fiktiven Kathedralenstadt Barchester, in der man die Gegend des realen Dorset erkennt, bricht die neue Zeit an. In London regiert nun ein liberaler Premier, er begünstigt bei der Berufung des neuen Bischofs Thomas Proudie einen erkennbaren Opportunisten, der es mit viel Erfolg verstanden hat, tiefe Verbeugungen sowohl vor den konservativen, liturgisch-feierlich gestimmten wie vor den kryptoprotestantischen evangelikalen Kreisen der Church of England zu absolvieren. Den Letzteren gehört der Kaplan Obadiah Slope an, ein rechter Unsympath, der seinen Schäfchen, die vom alten Bischof ein duldsames Regiment gewohnt waren, nun mit scharfen Warnungen vor dem Bruch der Sonntagsruhe (bei ihm ist aber nur vom »Sabbat« die Rede) einheizt.

»Die Türme von Barchester« heißt der Roman, 1857 erstmals erschienen; von den sechs Büchern, die zusammen die »Chronicles of Barsetshire« bilden,

---

17 a.a.O., S. 165f.

ist er eines der beliebtesten. Seit einigen Jahren haben wir die vorzügliche Übersetzung von Andrea Ott.[18] Und gehalten hat er sich nicht nur wegen der milden, kunstvollen Ironie, mit der die kirchlichen Querelen geschildert werden. Eine Figur vor allem ist es, die in den viktorianisch-maßvollen Plot eine luziferische Faszination bringt. Madeline Neroni ist Chili und Vanille zugleich. Sie hat lange in Italien gelebt. Ihre Schönheit ist unvergleichlich. Aber sie kann nicht mehr gehen; statt dessen lässt sie sich tragen und bei Empfängen, raffiniert gekleidet, auf einem Sofa plazieren. Ihre Füße verbirgt sie unter einer Drapierung. Genau das ist es: Ihr liegen bald alle Männer von Barchester zu Füßen. Nie weiß man, was wirklich vorgefallen ist: Hat ihr italienischer Mann, dem sie eine Herkunft aus dem Caesarengeschlecht Neros nachsagt, sie misshandelt? Ist sie nur unglücklich gestürzt, wie sie selbst behauptet? Hat sie überhaupt noch beide Beine oder nur eines, wie einmal vermutet wird? Danach fragt das Begehren nicht oder vielmehr: Es findet am Geheimnis der Neroni erst den rechten Zündstoff. »Ebenso unfehlbar, wie Madeline die Männer bezauberte und fesselte, ärgerte und reizte sie die Frauen. Das eine ergab sich ganz natürlich aus dem anderen. Es stimmte schon, Mr. Arabin war hingerissen. Er hielt sie für eine überaus kluge, überaus

18 Anthony Trollope, Die Türme von Barchester, Zürich 2005.

schöne Frau; außerdem fand er, dass sie wegen ihres besonderen Gebrechens jedermanns Mitleid verdiene. Noch nie habe er solches Leiden mit so vollkommener Schönheit und einem so klaren Verstand gepaart gesehen.«[19] Von dem Roman hat sich leider kein Manuskript mehr erhalten. Man weiß nur, dass der Verlagslektor Einwände gegen die »Unschicklichkeiten« der Urfassung hatte, wie Doris Feldmann in ihrem Nachwort darlegt. »Insbesondere Madeline Neroni erschien ihm – ebenso wie anderen Kritikern – ›abstoßend‹ und ›unnatürlich‹.«[20]
»Und ihr Gewand war wirklich sehr kleidsam: weißer Samt, nur über der Brust und am Saum der kurzen Ärmel mit kostbarer, perlenbesetzter weißer Spitze verziert. Um die Stirn trug sie ein Band aus rotem Samt, in dessen Mitte ein herrlicher Mosaik-Cupido mit Flügeln in lichtem Rosa erstrahlte. An dem Arm, den sie in dieser Haltung zur Schau stellte, trug sie drei herrliche Armreifen mit unterschiedlichen Steinen. Unter ihr lag, über das ganze Sofa, auch über Kissen und Lehne gebreitet, ein karmesinroter seidener Mantel oder Umhang, der sogar noch ihre Füße verhüllte. Bei dieser Gewandung, diesem Aussehen – so schön und doch so bewegungslos, der reine Glanz des weißen Kleides durch die darunterliegende Farbe hervorgehoben und betont –, bei diesem reizenden Gesicht mit den

19 a.a.O., S. 369.
20 a.a.O., S. 884.

großen, kecken, strahlenden, unverwandt blickenden Augen konnte kein Mann, keine Frau anders, als sie anzusehen. Und minutenlang tat kein Mann, keine Frau etwas anderes.«[21]

Emile Zola (1840 bis 1902) hat »L'Assomoir« (»Der Totschläger«), den siebenten Band seines großen Romanzyklus »Les Rougon-Macquart«, 1876 in Fortsetzungen, als Buch dann 1877 veröffentlicht. Die junge Gervaise Macquart ist die eigentliche Hauptfigur. Die Geschichte spielt in einem armen Milieu, in dem sich Gervaise erst noch gut hält, bis am Ende auch sie im Suff versinkt. Er habe, schreibt Zola im Vorwort, den »verhängnisvollen Verfall einer Arbeiterfamilie in dem verpesteten Innern unserer Vorstädte schildern wollen«[22]. Tatsächlich hat es wohl vor Zola keine schriftstellerische Technik gegeben, das Elend und den Schmutz in so erhabener, erschütternder Kontur zu malen. Das reizende, hübsche Mädchen, sie ist zweiundzwanzig, als der Roman beginnt, hinkt seit der Geburt; während der Schwangerschaft hatte der Vater die Mutter misshandelt. »Sie war groß, ein wenig mager, mit feinen Zügen, in denen sich die Härte ihres Daseins schon aussprach.«[23] Sie hat zwei Kinder von Etienne

21 a.a.O., S. 147.
22 Emile Zola, Der Totschläger, übersetzt von Willibald König, Hamburg 2012, S. 7.
23 a.a.O., S. 16.

Lantier, einem Faulpelz und Tunichtgut, der sich bald mit anderen Frauen einlässt und dann verschwindet. Sie verbindet sich mit Coupeau, der sie auch heiratet. »Gervaise hinkte auf dem rechten Bein, aber man bemerkte es nur, wenn sie sehr ermüdet war, wenn ihre Beine wie zerschlagen waren und wenn sie sich gehen ließ.«[24]

Die Hochzeit mit Coupeau findet auf dem Standesamt, dann in der Kirche statt, ein Ausflug schließt sich an, am Ende geht man ins Restaurant. Und in diesem Kapitel wird ihr Hinken zum ersten Mal wirklich thematisiert: »Sie unterbrach sich, um ihm zu zeigen, wie stark Gervaise bei dem abschüssigen Pflaster hinkte. ›Seht doch! Ist das erlaubt! (...) Die Humpelliese!‹ Dieses Wort: Humpelliese! machte den Weg durch die ganze Gesellschaft. Lorilleux lachte schadenfroh und meinte, dass man sie immer so nennen müsse. Aber Madame Fauconnier verteidigte Gervaise: man tue Unrecht, sich über sie lustig zu machen, sie sei sauber, wie aus dem Ei gepellt und verstehe, bei der Arbeit tüchtig zuzugreifen, wenn es nottue. Madame Lerat, die immer den Kopf voller unanständiger Anzüglichkeiten hatte, nannte das Bein der Kleinen einen ›Liebeskegel‹ und fügte hinzu, dass viele Männer es gerne hätten, des Näheren wollte sie sich über die Sache aber nicht auslassen.«[25] Bei Zola ist an dieser Stelle von

---

24 a.a.O., S. 18.
25 a.a.O., S. 112.

einer »quille d'amour« die Rede ; *quille* heißt Kegel, aber auch Bein – eine *quille d'amour* ist ein Bein, ganz für die Liebe geschaffen. Willibald Königs Übersetzung »Humpelliese« klingt weniger elegant als das französische *banban* bei Zola, das ist ein volkssprachlicher und offenbar lautmalerischer Ausdruck. Coupeau wird bei einem Arbeitsunfall verletzt. Er verfällt dem Trunk, und so geht es auch Gervaise. Noch ihr Tod spricht vom äußersten Elend: »Sie krepierte an ihrer Vertiertheit, wie die Lorilleux' sagten. Eines Morgens roch es so schlecht auf dem Flur; da erinnerte man sich, dass man sie seit zwei Tagen nicht mehr gesehen hatte; man fand sie in ihrem Loch.«[26]

Der Roman »Die nachträglichen Memoiren des Bras Cubas« von Joaquim Maria Machado de Assis (1839 bis 1908) erschien zuerst 1880. Es handelt sich um eine groteske, burleske Grenzform des Romans. Der Held ist am Beginn schon tot und begraben. Und er ist ein absurder Erfinder und Projektemacher. Zunächst denkt er an die Erfindung eines »erhabenen Medikaments«, eines »Anti-Hypochondrie-Pflasters, das unsere melancholische Menschheit trösten sollte. In dem Antrag auf Urheberschutz, den ich später verfasste, lenkte ich die Aufmerksamkeit der Regierung auf diesen wahrhaft

---

26 a.a.O., S. 515 f.

christlichen Zweck.«[27] Großartiger noch ist sein zweiter Entwurf zum Besten der Menschheit, eigentlich übernimmt er ihn von seinem Freund Quincas Borbas. Es ist der »Humanitismus«, eine völlig neue und doch uralte, in Indien und im Heidentum vorausgeahnte Philosophie. In Wahrheit ist es natürlich ein absurdes, tautologisches Geschwätz, und wenn der Roman sich auf der einen Seite mit Laurence Sternes »Tristram Shandy« berührt – im Umwegigen als poetischem Prinzip der Erzählung –, so auf der anderen Seite mit Flauberts »Bouvard und Pecuchet«, dem endlosen wissenden Schwatzen. Man kann in Parenthese anfügen, dass die Idee so abwegig nicht war, wenn man berücksichtigt, dass sich Brasilien im späteren neunzehnten Jahrhundert den Positivismus von Auguste Comte als Staatsideologie verschrieb. Wie die Lehre Comtes ein »3-Stadien-Gesetz« enthielt, so auch der »Humanitismus«: »Die Humanitas zählt drei Phasen: die *statica,* die aller Schöpfung vorangeht; die *expansiva,* den Beginn der Dinge; die *dispersiva,* das Erscheinen des Menschen; und sie wird noch eine zählen, die *contractiva,* die Absorption von Mensch und Dingen.«[28]

Wichtiger als die pseudophilosophische Gedankenwelt ist die ständige Spiegelung in den burlesken

---

27 Joaquim Maria Machado de Assis, Die nachträglichen Memoiren des Bras Cubas, Zürich 2003, S. 11.

28 a.a.O., S. 284.

und grotesken Bewegungen. Quincas Borba, der Begründer des Humanitismus, wird wahnsinnig: »Er rezitierte mir lange Kapitel aus dem Buch, auch Wechselgesänge und geistliche Liturgien; sogar einen heiligen Tanz tanzte er mir vor, den er für die Zeremonien des Humanitismus erfunden hatte. Die schauerliche Anmut, mit der er die Beine hob und schüttelte, hatte etwas einzigartig Unwirkliches.«[29] Überhaupt wird der Erfindergeist stets durch Zuckungen angekündigt: »Als ich eines Morgens durch meinen Garten ging, hängte sich mir eine Idee an die Schaukel in meinem Gehirn. Einmal dran, begann sie Arme und Füße zu rühren und machte schließlich die gewagtesten Luftsprünge, die man sich nur denken kann. Ich ließ mich herbei, ihr zuzugucken. Plötzlich machte sie einen tollen Sprung und streckte Arme und Beine aus, bis sie ein X bildeten: ›Entziffere mich, oder ich fress' dich.‹«[30] Die Bewegung zerlegt sich in ihre Extreme: die Luftsprünge und die schauerliche Anmut des Philosophen-Tanzes. Im Delirium wiederum phantasiert Bras Cubas seinen Körper in eine völlige Steifheit hinein.[31] Er rast in seiner Einbildung auf einem Nilpferd dahin[32], oder eine geheimnisvolle Kraft fesselt ihm die Beine.[33] Er lernt als

29 a.a.O., S. 353.
30 a.a.O., S. 11.
31 a.a.O., S. 23.
32 a.a.O., S. 25.
33 a.a.O., S. 32.

Kind nur langsam gehen: »Einmal fiel ich hin und ging im ganzen sicher sehr schlecht.«[34] Dem Nachwort von Susan Sontag zur deutschen Ausgabe entnehme ich, dass Machado de Assis Epileptiker war. Zum Krankheitsbild gehören Zuckungen und Krämpfe, die sich durchaus auf das konvulsivische Bewegungsmuster der Romanfiguren beziehen lassen. Von seinem Buch sagt er einmal in einer der selbstreflexiven poetologischen Passagen, sich an den Leser wendend: »Du willst schnell alt werden – und dieses Buch geht ganz langsam; du liebst die gradlinige, pralle Erzählung, einen gleichmäßigen, flüssigen Stil – und dies Buch und mein Stil sind wie trunken, schwanken nach rechts und nach links, gehen los und halten wieder, brummen, brüllen, schreien vor Lachen, drohen zum Himmel, gleiten aus und fallen (...).«[35]

Als junger Mann geht Bras Cubas auf dem Lande eine kurze, am Ende unerfüllte Liebschaft mit der jungen Eugenia ein, deren Mutter er kennt. Sie will ihm als ein ganz vollkommenes Muster der Weiblichkeit erscheinen, klar, anmutig, damenhaft, und sie ist es, die ihn vom Gedanken der baldigen Abreise abbringt. Man will sich zu dritt den Garten ansehen. »Dabei bemerkte ich einen Umstand: Eugenia hinkte ein wenig, so wenig, dass ich auf die Frage verfiel, ob sie sich etwa den Fuß gestoßen habe.

---

34 a.a.O., S. 39.
35 a.a.O., S. 117.

Die Mutter schwieg, die Tochter aber erwiderte mit fester Stimme: ›Nein, ich hinke von Geburt an.‹«[36] Er verwünscht seine Taktlosigkeit und bemerkt einen Ausdruck der Trauer bei ihr. Der Garten mit Bäumen, Blumen und Teichen gefällt, aber er sucht in Eugenias Augen nach einem Zeichen. »Auf mein Wort: Der Blick Eugenias hinkte nicht, sondern war gerade und völlig gesund; er kam aus einem Paar schwarzer und ruhiger Augen.«[37] Und nun eine der für den Protagonisten so typischen ziellosen Reflexionen: »Dass sie hinkte, war wirklich schlimm. So leuchtende Augen, ein so frischer Mund, ein so damenhaftes Benehmen (...) und dann hinken! Ein solcher Kontrast könnte einen vermuten lassen, dass die Natur mitunter von unsagbarem Hohn ist. Warum hübsch, wenn hinkend? Warum hinkend, wenn hübsch? Das fragte ich mich, als ich in der Nacht nach Hause ging, ohne zu einer Lösung des Rätsels zu gelangen. Das beste, was man machen kann, wenn man ein Rätsel nicht löst, ist, es aus dem Fenster zu werfen.«[38]

Er verschiebt die Abreise. »Es waren schöne, frische, einladende Morgen, und da unten riefen mich die Familie, die Braut und das Parlament – ich aber kümmerte mich um nichts und saß entzückt zu Füßen meiner hinkenden Venus. Entzückt ist

---

36 a.a.O., S. 112.
37 a.a.O., S. 113.
38 a.a.O., S. 113f.

etwas gehoben ausgedrückt; Entzückung war es eigentlich nicht, sondern Wohlbefinden, eine Art physischer und geistiger Zufriedenheit. Ich hatte sie gern, wirklich gern; neben diesem arglosen Geschöpf, dieser unehelichen hinkenden Tochter, diesem Spross der Liebe und der Verachtung, neben ihr fühlte ich mich schlechthin wohl, und ihr ging es neben mir, wie ich glaube, ebenso.«[39] Die hinkende Venus ist da, aber ganz ohne den gelehrten Apparat der Barockdichter. Am Ende, nachdem er die Abreise auf ihre Bitten hin mehrmals verschoben hat, entschließt er sich doch. Er hört eine innere Stimme. »Die Stimme kam aus mir selber und hatte zwei Ursprünge: das Mitleid, das mich vor der Naivität der Kleinen entwaffnete, und das Grauen, sie schließlich wirklich zu lieben und zu heiraten. Eine hinkende Frau!«[40] Sie ahnt, was ihn bewegt, und rät ihm selber zum Abschied: »›Sie haben ganz recht, vor der Lächerlichkeit einer Heirat mit mir zu fliehen.‹«[41] So übernimmt sie eine Rolle, die der »jolie boiteuse« gelegentlich zugedacht wurde: Der Verehrer lässt sie sitzen.

Aber ist nicht das ganze Buch nach dieser Logik aufgebaut, mit der Anmut und Anomalie einander rhythmisch antworten? Einmal vergleicht Bras Cubas seinen Stil »mit dem Gang eines Betrunkenen«[42].

---

39 a.a.O., S. 114f.
40 a.a.O., S. 117.
41 a.a.O., S. 118.
42 a.a.O., S. 197.

Übertreibt man, wenn man sagt, dass die epische Muse des Machado de Assis einer hinkenden Venus geähnelt haben könnte?

»Tristana«, ein Roman von Benito Pérez Galdós (1843 bis 1920), erschien 1892. Er erzählt die Geschichte einer großen Desillusionierung. Tristana, eine hübsche junge Frau, eben noch ein Püppchen, erwacht »zu eigenem Leben, aus dem Wunsch heraus, Charakter und Gesinnung einer freien Persönlichkeit zu zeigen«[43]. Als ihre Mutter stirbt, kommt sie zu dem deutlich alternden Don Lope, einem in Sachen der Liebe zynischen Freigeist, der sich viel auf seinen Aristokratismus zugute hält. Aber seine Mittel sind begrenzt. Ohne viel Federlesens macht er die junge Frau zu seiner Mätresse. Erst nimmt sie's hin, dann beginnt ein Streben »nach etwas sehr Fernem, sehr Hohem, das ihre Augen nirgends sahen«[44]. Bei einem Spaziergang sieht sie zum ersten Mal den Maler Horacio, mit dem sie bald eine Affäre eingeht. Tristana will nun auch malen lernen, Horacio ermutigt sie. Sofort hat sie ganz übertriebene Vorstellungen von ihrem Können, und Horacio nennt sie »hochbegabt«[45]. Mehr als wirkliches Können wird aber vom Erzähler ihre sentimentale Begeisterung herausgestellt. Ein ver-

---

43 Benito Pérez Galdós, Tristana, Frankfurt am Main 1989, S. 12.

44 a.a.O., S. 28f.

45 a.a.O., S. 94.

liebter Briefwechsel schließt sich an, als Horacio anderswo weilt. Und dann wird Tristana das Opfer einer tückischen Krankheit, am Ende wird ihr ein Bein abgenommen. »Am ersten Tag, als Tristana die Krücken ausprobierte, gaben ihre ersten Gehversuche in einem derart merkwürdigen Fortbewegungssystem Anlass zu Gelächter und Scherzen. ›Es ist einfach unmöglich‹, sagte sie scherzend, ›dem Gehen mit Krücken einen Hauch von Eleganz zu verleihen. Wie ich's auch anstelle, ich werde auf keine anmutige Gangart mit diesen Knütteln kommen. Immer werde ich ausschauen wie die versehrten Frauen, die an den Kirchtüren um Almosen betteln. Mir ist es gleich. Was bleibt mir übrig, als mich damit abzufinden!‹«[46] Horacio lässt ihr einen Rollstuhl schicken, aber sie benutzt ihn nur für zwei oder drei Monate. Und die Besuche des Malers werden seltener, bis sie ganz ausbleiben.

Tristana durchläuft eine Verwandlung. Musik ist nun ihre neue Begabung, bis sie auch diese Vorliebe wieder aufgibt. »Sie achtete wenig auf ihre äußere Erscheinung, kleidete sich einfach mit einem Umhang und Seidenkopftuch; aber was sie nicht verlor, war ihre Gewohnheit, gutes Schuhwerk zu tragen, und ständig lag sie im Kampf mit dem Schuster, damit der (...) einzige Stiefel auch richtig sitze. Wie seltsam erschien es ihr stets, nur einen einzigen Fuß bekleidet zu haben! Es vergingen Jahre, ohne

46 a.a.O., S. 197.

dass sie sich daran hätte gewöhnen können, nirgends den Stiefel oder den Schuh des rechten Fußes entdecken zu können.«[47] Das ist indes nur ein koketter Rest. Sie wird mager. »Sie sah wie eine Vierzigjährige aus, wo sie doch kaum fünfundzwanzig war. Das Holzbein, das sie zwei Monate nach dem gewaltsamen Verlust ihres eigenen aus Fleisch und Blut bekommen hatte, war vom Vollkommensten in seiner Art; aber die Invalidin konnte sich nicht daran gewöhnen, nur mit Hilfe eines Stockes darauf zu gehen. Sie zog die Krücken vor, obwohl diese ihr die Schultern in die Höhe trieben und so den anmutigen Wuchs ihres Halses und ihrer Büste zerstörten.«[48] Sie ist dann die *hinkende Dame* für die Kirchgänger. Am Ende heiraten sie und Don Lope, der nun dem Altersschwachsinn nahe scheint. »In jenen Tagen entwickelte die Hinkende ein neues Steckenpferd: die kulinarische Kunst, genauer gesagt, ihr wichtiges Teilgebiet der Konfiserie. Eine sehr geschickte Meisterin zeigte ihr zwei oder drei Arten von Kuchen, und sie gelangen ihr so gut, so gut, dass Don Lope, nachdem er sie gekostet hatte, sich die Finger leckte und nicht aufhörte, Gott zu loben. Ob sie wohl glücklich waren, die beiden? (...) Vielleicht.«[49] So die letzten Worte des Romans.

---

47 a.a.O., S. 202f.
48 a.a.O., S. 208f.
49 a.a.O., S. 208f.

In der Verfilmung des Romans durch Luis Buñuel (1900 bis 1983) hat sich, bei aller Treue im Detail, der Gehalt verwandelt. Zwischen Galdos und Buñuel stehen die Sexualforschung und Freud. Catherine Deneuve hatte die Rolle der Tristana übernommen. Der Blick der Kamera richtet sich auf ihren Stumpf, als sie Klavier spielt. Ihrem Geliebten zeigt sie ihren Stumpf, indem sie den Rock hochzieht. Und am Ende des Films sieht man ihr triumphierendes, ungemein sinnliches Lächeln; sie öffnet die Lippen, als sie auf dem Balkon vor dem zuschauenden Saturno ihren Morgenmantel öffnet und sich entblößt. Alfred Hitchcock war ein besonderer Bewunderer dieser Szene, wir haben dafür das Zeugnis von Buñuel: »At one point during our conversation, we heard footsteps shuffling behind us, and when I turned around, there was Alfred Hitchcock, round and rosy cheeked, his arms held out in my direction. I'd never met him, either, but knew that he'd sung my praises from time to time. He sat down on the other side of me, and, one arm around my shoulders, he proceeded to talk nonstop about his wine-cellar, his diet, and the amputated leg in *Tristana*. ›Ah, that leg ... that leg‹, he sighed, more than once.«[50]

In den Tagebüchern von Catherine Deneuve wird der sexuelle Gedanke des Films akzentuiert, ihre

50 Zitiert nach Barbara Creed: The untamed eye and the dark side of surrealism: Hitchcock, Lynch and Cronenberg, in: The Unsilvered Screen: Surrealism on Film. Hrsg. von Graeme Harper und Rob Stone, London 2007, S. 122.

Unterwäsche musste beim Entkleiden genau auf die Prothese fallen: »Have to toss underwear on to my artificial leg lying on the bed, and it's a real challenge making the lace fall exactly on the shoed foot. Buñuel hates it when time gets wasted on location; if he could, he'd shoot everything in the studio.«[51] Und dort, in den Tagebüchern, bekennt sie ihre besondere Liebe gerade zu diesem Film: »Yes, *Tristana* is one of my favorite films. Personally, I prefer *Tristana* to *Belle de Jour*.«

Dietmar Dath hat das Entscheidende und Deneuves eigenes Urteil Bestätigende dazu gesagt: »Luis Buñuels blickführender Sadismus – kein Affekt, sondern ein im Treibhaus des Surrealismus gezüchtetes Kunstgewächs – umschlingt Catherine Deneuve in ›Tristana‹ mit seinen stacheligen Lianen noch strikter und grausamer als drei Jahre zuvor in ›Belle de Jour‹. In beiden Fällen bringen Leid, Unrecht und Bedrückung, die der Figur zugemutet werden, die sie spielt, weder diese Figur noch dieses Spiel je ganz in ihre Gewalt. Zwingend misslingt die Inbesitznahme durch die sie umgebenden Männer, Monster und Moralitäten – eine Männerphantasie, aber keine der Eroberer, sondern der Anbeter: Wir wollen sie sehen, die uns nicht sieht, nicht braucht, nicht fürchtet, dann erst sind wir als Voyeure glücklich. (...) Diese Abfolge von Finger-

---

51 Catherine Deneuve, Close Up and Personal: The Private Diaries of Catherine Deneuve, New York 2007, S. 93.

spiel (Deneuve bei sich) und Brutalität (Deneuve und der Mann) kehrt in ›Tristana‹ gleichnishafter, abstrakter, sublimiert wieder: Dort spielen diese Finger Klavier, flink mit der linken, souverän mit der rechten Hand – dann der Schnitt, die Kamera sieht, was unterm Klavier ist: der züchtige Rock, das gesunde Bein und der Stumpf. Franco Nero, der ihr zusieht, wie sie sich im Spiel wiegt, umkreist das Klavier wie ein Jäger die Beute. Jeder Zugriff indes ist unmöglich: diese Musik, diese Frau kriegt er nicht. Es gibt weiß Gott üblere Männerphantasien als die der schönen Unerreichbaren.«[52] Wenn bei Galdós das Erotische verdrängt blieb, so wurde es bei Buñuel hervorgezerrt. Der Film hätte auch anders nicht wirken können; es war vom Medium, von der künstlerischen Gattung so gefordert wie die stärkere Drastik in Orson Welles' »Prozess«-Verfilmung – beide lösen das Versprechen des Kinos ein, wenn sie die Autor-Intentionen überschreiten.

Allerdings hat Galdós mit dem Stoff auch nach »Tristana« weiterexperimentiert. In den »Episodios Nacionales«[53] findet sich eine Geschichte: Ein junger Mann, der Journalist Proteo (Tito) Liviano, fährt im Zug, er kommt ins Gespräch mit einer Dame; das Gesicht hübsch, die Formen üppig, die Miene freundlich. Eine kinderlose Witwe mit Grund-

52 Dietmar Dath, Die stolze Andeutung, F. A. Z. vom 21. Oktober 2013.

53 Benito Pérez Galdós, Episodios Nacionales, Quinta Serie, Madrid und New York 2011. Die Geschichte heißt »Amadeo I«.

besitz, sie gefällt ihm, eine Atmosphäre der Sympathie bildet sich zwischen den beiden. Sie geht darauf ein, lächelt ihn an und beginnt ein Augenspiel. Sie spricht zu ihm mit einer Stimme, deren Süße ihm ganz für ihn selbst bestimmt scheint (»y en su accento creí notar cierta dulzura que a mí solo dedicaba«). Als sie aussteigen, bemerkt er zu seinem Entsetzen, dass sie hinkt, und zwar mit einer gewissen Feierlichkeit, denn sie hatte einen künstlichen Stelzfuß und half sich mit einem Stock (»Pues tenía una pierna de palo, y se ayudaba de un bastón«).[54] Bei keiner seiner Eroberungen habe er so viel Pech gehabt, bekennt der Erzähler – aber das ist im Spanischen ein etwas albernes Wortspiel: »mala pata« ist Pech, wörtlich aber ist »pata« das Bein, er hatte also ein schlechtes Bein ... Höflich hilft er ihr aus der Kutsche, dann verschwindet er. Das Buch erschien 1910, die Handlung ist in den frühen siebziger Jahren angesiedelt.

---

54 a.a.O., S. 98f.

Dekadente Übergänge: Barbey d'Aurevilly, Rollinat und Sâr Péladan

DER katholische Reaktionär Jules Amédée Barbey d'Aurevilly (1808 bis 1889) war in dem dichterisch-schriftstellerischen Dreigestirn, das uns nun beschäftigen soll, der Älteste; bis heute ist er der Bekannteste geblieben. Sein Essay über den Dandyismus und seine Erzählungssammlung »Die Teuflischen« (Les diaboliques, 1874) haben ihm bleibenden Ruhm gesichert. Barbey d'Aurevilly, Rollinat und Péladan stellten die Sexualisierung der Gebrechen klar heraus, und damit brachten sie etwas Neues in den Diskurs. Was zuvor latent geblieben war, die Faszination des Handicaps, trat manifest auf. Denn so schildert Barbey d'Aurevilly die Protagonistin seiner »Histoire sans nom«, Lasthénie de Ferjol: »Die Sehnsucht ihrer Bemühung war von derselben Sehnsucht wie die ihrer Augenlider. Ich habe in meinem ganzen Leben keinen Menschen von solchem ermatteten Zauber gekannt und nie werde ich ihn vergessen (...) Das war eine himmlische Hinkende. Lasthenie hinkte nicht, aber sie hatte diese bezaubernde Bewegung der Frauen, die leicht hinken und die ihrem Kleid – o Magie! – solch anbetungswürdige Wellen einprägen. Sie atmete schließlich mit ihrem ganzen Wesen diese göttliche Schwäche vor der die starken und großzügigen Männer – und um so mehr, je mehr sie Männer sind! – niederknien.«[1] Die Vorstellung legt sich über die Wirklichkeit. Das stammte, wie man leicht erkennt, aus der La-Vallière-Tradition, die Barbey studiert und kommentiert hatte – so spricht er in den »Sensations d'histoire« von der »divine boiteuse de La Vallière«[2], und einmal sagt er: »La Vallière était plus touchant, de cela seulement qu'elle boitait!«[3] Aber diese Tradition tritt nun aus dem bloß Pikanten und Galanten heraus. Die Geschichte erschien 1882. Die achtziger Jahre des neunzehnten Jahrhunderts sind das Jahrzehnt, in dem die große Debatte über das Recht und die Reichweite des Begriffs »Dekadenz« in Frankreich beginnt.[4] Wir wissen von

1 »La langueur de sa démarche était de la langueur de ses paupières. Je n'ai connu dans toute ma vie qu'une seule personne de ce charme alangui, et jamais je ne l'oublierai (...) C'était une céleste boiteuse. Lasthénie ne boitait pas, mais elle avait l'air de boiter. Elle avait ce mouvement charmant des femmes qui boitent légèrement et qui impriment à leur robe, ô magie! de si adorables ondulations. Elle respirait, enfin, dans tout son être, cette faiblesse divine devant laquelle les hommes forts et généreux – et plus ils sont mâles ! – s'agenouilleront toujours.«

2 Zitiert nach Marie-Catherine Huet-Brichard und Pierre Glaudes, Barbey polémiste, Manche 2008, S. 198.

3 In seinem Buch Les Bas-bleus, Paris 1878, S. 93. Die Streitschrift gegen die Blaustrümpfe wendet sich gegen schreibende Frauen, vor allem gegen Georges Sand.

4 Dazu vor allem: Roger Bauer, Die schöne Décadence: Geschichte eines literarischen Paradoxons, Frankfurt am Main 2001.

Barbey d'Aurevilly, dass er selber hinkte oder auf dekadent-dandyistische (von Byrons Klumpfuß inspirierte?) Weise ein Hinken affektierte: »La paresse et mon pied boiteux m'ont empêché de voir la jolie Caro.«[5] In seiner Erzählung »Un prêtre marié« tritt die verführerische hinkende Desirée Travers auf, aber hervorgehoben wird, dass sie »vom Kreuz her« hinkt und nicht vom Fuß.[6] Schließlich ist eine Stelle der »Memoranda« zu erwähnen – »Gaudin est venu, – prétend avoir rencontré ma boiteuse (une charmante boiteuse avec des pieds irréprochables que j'ai rencontrée chez Valentino il y a quelques jours), mais je ne le crois pas« –, die auf eine Affäre mit einer hinkenden Schönheit deutet.[7]

Maurice Rollinat (1846 bis 1903), fast um zwei Generationen jünger, wollte als lyrischer Dichter die Nachfolge Poes und Baudelaires antreten. Er radikalisierte und verschärfte ihre Sujets. Von Rollinat sagte sein Freund Barbey d'Aurevilly, in der Echtheit und Tiefe seines Satanismus sei er sogar Baudelaire überlegen; Baudelaire sei ein Teufel in Samt, Rollinat der Teufel in Stahl.[8] Sein Name sagt

---

5 Zitiert nach Norbert Dodille, Le texte autobiographique de Barbey d'Aurevilly: Correspondances et Journaux intimes, Genf 1987, S. 233.

6 Paris 1865, S. 172.

7 Jules Amedée Barbey d'Aurevilly, Memoranda, Paris 1947, S. 206. Die Eintragung stammt aus dem Jahr 1836.

8 Zitiert nach Maurice Rollinat, Les Névroses, Paris 1972, S. 387.

heute auch Kennern der französischen Literaturgeschichte wenig, dabei war er zu seiner Zeit eine Berühmtheit. Es mag weniger an den Gedichten selbst als an der Stimme gelegen haben – sie wird als »rasiermesserscharf« beschrieben[9] – und an der Darstellungskunst auf der Bühne, wenn er seine Gedichte vortrug. Auch die Brüder Goncourt, die zunächst nicht viel von ihm gehalten hatten, bewunderten ihn; dann aber, als er einige Baudelaire-Lieder vortrug, zu denen er selbst die Musik geschrieben hatte, waren sie überzeugt von einem genuinen Talent.

1883, ein Jahr nach der »Histoire sans nom«, erschien Maurice Rollinats lyrische Sammlung »Les Névroses«. Barbey widmete dem Band zwei längere Essays, den ersten sogar noch vor dem eigentlichen Erscheinen des Buchs.[10] Er nennt den Dichter ein »echtes dämonisches Talent«. Liest man das Gedicht »Le Maniaque«, dann leuchtet die Begeisterung des Älteren ebenso unmittelbar ein wie die Qualifizierung – nur dass Barbey d'Aurevilly seinen Begriff des Dämonischen aus dem Katholizismus bezog, Rollinat aber aus der beginnenden Psychiatrie und Neurologie, worauf schon der Titel seiner Sammlung hinweist:

9 Rae Beth Gordon, Why the French Love Jerry Lewis: From Cabaret to Early Cinema, Stanford University Press 2001, S. 121.

10 Les Névroses, Paris 1972, S. 384 ff. und 426 ff.

Je frissonne toujours à l'aspect singulier
De certaine bottine ou de certain soulier.
Oui, (que pour me railler vos épaules se haussent!)
Je frissonne: et soudain, songeant au pied qu'ils chaussent,
Je me demande: »Est-il mécanique ou vivant?«
Et je suis pas à pas le sujet, l'observant,
Et cherchant l'appareil d'acier qui se dérobe
Sous le pantalon fin ou sous la belle robe;
Et dès qu'il a relui, maniaque aux abois,
Dans le cuir élégant je flaire un pied de bois.[11]

(»Ein Schauder überläuft mich stets beim einzigartigen Anblick gewisser Stiefeletten oder Schuhe, ja, ein Schauder – mögt ihr auch voller Spott über mich die Schultern hochziehen –, und plötzlich, beim Gedanken an den Fuß, den sie umhüllen, frage ich mich: Ist er mechanisch oder lebt er? Und ich folge der Person Schritt um Schritt, beobachte sie und forsche nach dem stählernen Apparat, der sich unter der feinen Hose oder unter dem schönen Kleid hervorstiehlt; und von dem Augenblick an, da er erglänzt, manisch in Agonie, wittere ich im eleganten Leder den hölzernen Fuß.« Übers. L. J.)

Rollinats Neurotiker ist Opfer einer Obsession. Er folgt der Person so zwanghaft wie Poe dem »Mann in der Menge«. Seine eigenen Leiblichkeit wird davon affiziert; er gerät in eine Agonie und kann sich

---

11 a. a. O., S. 299.

von dem Anblick – oder seiner Phantasie? – nicht mehr losmachen. Entscheidend aber ist, dass der Titel der lyrischen Sammlung, in der das Gedicht sich findet, den Titel »Les Névroses« trägt – die Neurosen. Die Dekadenz selbst gibt schon den Stab an die Psychoanalyse und die gegen Ende des neunzehnten Jahrhunderts aufkommende Sexualforschung weiter; fortan wird man nicht mehr rein-ästhetisch, sondern szientifisch-aufgeklärt reden. Rollinat hatte für zwei Jahre die Vorlesungen von Jean-Martin Charcot besucht, dem seinerzeit berühmtesten Nervenarzt, bei dem auch Sigmund Freud ab 1885 an der Salpêtrière zu studieren begann.

In diesem Zusammenhang fällt es auf, dass Rollinat bei seinen öffentlichen Auftritten den eigenen Leib einem ähnlichen Regime unterwarf: Er erfand einen grimassierenden und konvulsivischen Stil der Bewegungen. Seine Aufritte im »Chat Noir« waren physische und nicht nur literarische Ereignisse, er habe, so schrieb Barbey d'Aurevilly, den »Teufel im Leib«. Das Teuflische und das Hysterische überlagern sich. Maurice Barrès sprach von einem »Konvulsionär« – und die Wirkung aufs Publikum sah er als ein »Delirium«.[12] Man hat von Rollinats Auftritten als einer Vorform des Dadaismus gesprochen.

Rollinat war mit Barbey d'Aurevilly befreundet und mit Sâr Péladan. Letzterer, eigentlich Joséphin Péladan (1858 bis 1918) ist der jüngste unserer

12 Rae Beth Gordon, a. a. O., S. 101.

Gruppe. Fast mehr noch durch seine kabbalistischen und rosenkreuzerischen Bewegungen bekannt (vor allem den »Ordre de la Rose-Croix catholique et esthétique du Temple du Graal«, den er 1892 gründete), in denen etwa auch Eric Satie verkehrte, hat er doch als Schriftsteller Beträchtliches geleistet. »Mélusine« heißt sein 1895 erschienener Roman, der zur Serie seiner »Diathèses de Décadence« gehört. Wenn es im Marinismus die Mythen um Venus und Vulkan waren oder andere Episoden der klassischen Antike, an die man anknüpfte, so ist es für Péladan die mittelalterliche Sage der Melusine. Der Autor berief sich auf Wagner und Bayreuth, aber es handelt sich gewiss um die denkbar bizarrste Wagner-Nachfolge. Melusine bittet sich bei ihrer Ehe mit einem Ritter aus, dass dieser sie an bestimmten Tagen nicht sehen darf. Denn sie entstammt dem Wasser, und von Zeit zu Zeit nimmt sie im Bad wieder – je nach Überlieferung und Bearbeitung der Sage – einen Fisch- oder Schlangenleib an der Stelle der Beine an. Und Mary, die zweiundzwanzigjährige Schöne, deren Anblick den Melusinen-Stoff erneuert, hat im Alter von acht Jahren beide Beine bei einem schrecklichen Unfall verloren. Sie ist Amerikanerin: »Elle est belle, de la beauté evidente, indiscutable, propre à cette race barbare des Yankees.«[13] Was von den Beinen blieb, ist von orientalischer Seide bedeckt, wenn sie

13 Mélusine, S. 3.

an Sommernachmittagen auf einer Chaiselongue ruht. Zum Glücksfall wird ihr, dass sie den jungen Lyriker Lixus kennenlernt, der einen Zyklus von Melusinen-Gedichten verfasst hat, darunter eines »Aux Vénus mutilées«, auf die versehrten Venus-Statuen der Museen, und eines auf Melusine selbst: »Tu es l'allégorie de l'humaine aventure, Symbole compliqué de l'art et du péché, et ton hybridité ressemble à nos desirs dont essor se résout à ramper.«[14] Du bist die Allegorie des menschlichen Abenteuers, kompliziertes Symbol der Kunst und der Sünde, und deine Hybridität ähnelt unserem Begehren, dessen Aufschwung sich mit dem Kriechen bescheidet. Aber Péladan ironisiert solche spätsymbolistische Prosadichtung auch schon. Als echter Dichter ist Linux ein Feind des Gewöhnlichen: »Mais qu'il s'agisse d'amour ou de volupté, je refuse le commun, le banal et le facile.«[15] Es handelt sich um eine Dreiecksgeschichte, zauberhaft erzählt, und man wundert sich dann doch, dass der Schriftsteller keine größere Anerkennung gefunden hat. Mary ist reich, Lixus ist arm. Sie finden sich auf die denkbar amüsanteste Weise, Briefe werden dem rezitierenden Dichter (der nicht weiß, dass man ihn hört) vom Balkon geworfen. Als er die Wahrheit erkennt – sein Ideal einer Frau ohne Beine existiert, wenn auch nicht ganz in Melusinen-Gestalt –, ist er nach

14 a.a.O., S. 62.
15 a.a.O., S 39.

kurzem Schrecken angesichts der Prothesen, die man vor ihm versteckt hatte, auch schon gewonnen. Man glaubt nicht, wie fein und ironisch eine dekadente Geschichte gearbeitet sein kann, wenn man diesen Roman nicht kennt. Sie werden glücklich. Und was bleibt uns noch zu tun? fragt Melusine nachdenklich. »›Un petit Lixus‹, dit Jenny. ›Elle le dit vrai: il nous faut des enfants. Eh! le faiseur de poèmes, nous vous forcerons à travailler selon la chair.‹ Et ses moignons qui ne craignent plus l'œil de l'Aimé, s'agitent mutins et offensifs.«[16] Also: Ein kleiner Lixus soll zur Welt kommen, *das* ist zu tun. Der Dichter muss sich nun den Werken des Fleisches widmen, man wird ihn mit vereinten Kräften dazu zwingen. »Und ihre Stümpfe, die den Blick des Geliebten nicht mehr fürchteten, schütteln sich schelmisch und angriffslustig.«

Wir haben gesehen, wie bei Rollinat die Dekadenz schon den Stab an die Neurologie weitergibt. Und nun wird, im Begriff des »Fetischismus«, eine neue szientifische und nicht mehr ästhetische Episode der Diskussion des Sujets eingeleitet. Alfred Binet (1857 bis 1911) schrieb seinen grundlegenden Essay »Le fétichisme dans l'amour« in unmittelbarer Nähe zu Charcot, womit wir wieder in die Nähe von Rollinat kommen, aber auch schon von Sigmund Freud, der gleichfalls bei Charcot

16 a. a. O., S. 332.

hospitierte.[17] In der Tat beruft sich auch Binet beim »Fetischismus« schon auf Charcot, und auf einen populären Sprachgebrauch, den es offenbar bereits gab. Binets Studien, galten, wie er schrieb, den »dégénérés qui éprouvent une excitation génitale intense pendant la contemplation des certains objets inanimée qui laissent complètement indifférent un individue normal«[18]. Das Objekt der Obsession sei für jedes Individuum ein besonderes, Nachthäubchen und weiße Schürzen werden genannt. »L'adoration de ces malades pour des objets inertes (...) ressemble de tous points à l'adoration du sauvage ou du nègre (...) sauf cette difference fondamentale que, dans le culte des nos maladies, l'adoration religieuse est remplacée par un appétit sexuel.«[19] Aber nicht nur das Unbelebte, sondern auch Teile des Körpers, er nennt Augen und Hände, können Fetische werden; und nun hat auch Descartes seinen Auftritt.

In Richard von Krafft-Ebings (1840 bis 1902) Klassiker »Psychopathia sexualis, mit besonderer Berücksichtigung der conträren Sexualempfindung« werden mehrere Fälle geschildert, die näher bei den

17 Vgl. dazu vor allem Hartmut Böhme, Fetischismus und Sexualität. Auf dem Weg zu einem metapsychologischen Konzept: Binet – Krafft-Ebing – Freud, in: Kulturtheorie, hrsg. von Ortrud Gutjahr, Würzburg 2005, S. 166f.

18 Alfred Binet, Études de psychologie expérimentale, Paris 2009, S. 2.

19 a.a.O., S. 3.

Rollinat-Symptomen sind: »X., 28 Jahre, stammt aus schwer belasteter Familie (...) Er klagt über eine seltsame ›Manie‹, die ihn oft daran zweifeln lasse, ob er denn ein geistig gesunder Mensch sei. Seit dem 17. Jahr werde er ausschließlich sexuell erregt durch den Anblick von weiblichen Gebrechen, ganz speziell von Weibern, die hinken und krumme Füße haben.«[20] Im übrigen war Krafft-Ebing der gleichen Ansicht wie Descartes: Der spezifische Fetisch erkläre sich aus dem Zufall, dass er beim ersten Empfinden erotischer Lust eine Rolle gespielt habe. Freud dagegen glaubte 1927 in seinem Essay »Fetischismus« eine bessere, weniger vom Zufall abhängige Lösung des Rätsels in der Tiefenstruktur der Seele gefunden zu haben: »Die Auskunft, welche die Analyse über Sinn und Absicht des Fetisch gab, war in allen Fällen die nämliche. Sie ergab sich so ungezwungen und erschien mir so zwingend, dass ich bereit bin, dieselbe Lösung allgemein für alle Fälle von Fetischismus zu erwarten. Wenn ich nun mitteile, der Fetisch ist ein Penisersatz, so werde ich gewiss Enttäuschung hervorrufen. Ich beeile mich darum hinzuzufügen, nicht der Ersatz eines beliebigen, sondern eines bestimmten, ganz besonderen Penis, der in frühen Kinderjahren eine große Bedeutung hat, aber später

---

20 Richard von Krafft-Ebing. Psychopathia sexualis, mit besonderer Berücksichtigung der conträren Sexualempfindung, Leipzig 1907, S. 181.

verlorengeht. Das heißt: Er sollte normalerweise aufgegeben werden, aber gerade der Fetisch ist dazu bestimmt, ihn vor dem Untergang zu behüten. Um es klarer zu sagen, der Fetisch ist der Ersatz für den Phallus des Weibes (der Mutter), an den das Knäblein geglaubt hat und auf den es — wir wissen warum — nicht verzichten will.«[21]

Die psychoanalytische Literatur zum Fetischismus ist umfangreich und zu großen Teilen ein Trauerspiel von verschwendetem Geist. Auch Janine Chasseguet-Smirgel (1928 bis 2006) war eine der international bekanntesten Psychoanalytikerinnen ihrer Zeit. Ihr am meisten verbreitetes und zugleich problematischstes Buch, »Anatomie der menschlichen Perversion«, behandelte das Verhältnis von künstlerischer Kreativität und sexueller Devianz. Es war rein dualistisch angelegt: Die Perversionen, etwa der Fetischismus, seien eine anale Imitation des Zeugungsaktes; der ausgeschiedene glänzende Stoff ermögliche dem Perversen die Illusion eines Traumkönigtums, einer künstlichen Herrschaft – eine Überlistung der natürlichen Kreativität des Vaters sei es, die der Perverse anstrebe. Eine Freud-Revision, aber keine Verbesserung! So kam die Puppen-Kunst Hans Bellmers neben dem Cäsarenwahn Caligulas zu stehen. Weite Lektüre konnte man nun

21 Zitiert nach der unpaginierten E-Book-Ausgabe: Sigmund Freud, Gesammelte Werke. Werke aus den Jahren 1925 bis 1931, Frankfurt am Main 2012.

an dem Werk erkennen, aber auch eine naiv-strenge, moralisierende Bewertung der künstlerischen Moderne. Die Analytikerin war nahe daran, im Perversen (und wen immer sie dafür hielt) das böse Prinzip zu identifizieren.

Sex

NAUSIKAA, Tochter des Phäakenkönigs, trifft am Strand auf den schiffbrüchigen Odysseus. Am Strand sieht auch der moderne Odysseus Leopold Bloom in dem Roman »Ulysses« von James Joyce im dreizehnten Kapitel, das man gelegentlich als das Nausikaa-Kapitel des Romans gelesen hat, Gerty McDowell im Kreis ihrer Freundinnen, wie auch die Ur-Nausikaa mit anderen Mädchen zusammen war. Zwei Sprachen stoßen zusammen. Gertys innere Rede der Phantasie gehört ganz dem romantischen Liebes-Kitsch an, wie man ihn aus Frauenzeitschriften kennt, und im Kitsch hat es Joyce verstanden, die latente Sexualität hervortreten zu lassen. Auch Gerty ist auf Bloom aufmerksam geworden und stellt sich eine Begegnung mit ihm vor: »Gern hätte sie ihn gerufen, aber sie erstickte fast, hätte ihre schneeweißen, schlanken Arme nach ihm ausgestreckt, seine Lippen auf ihrer weißen Stirne gefühlt, es wäre der Schrei junger Mädchenliebe gewesen, ein kleiner erstickter Schrei, der sich ihr entrungen hatte, derselbe Schrei, der durch alle Zeiten drang.«[1] Für Bloom aber wird die Sexualität manifest und Gerty für ein paar Augenblicke sein

1 James Joyce, Ulysses, München 1966, S. 413.

Masturbationsidol. Das ist komisch, und komischer ist noch, dass der Erguss in die Hosentasche mit einem abendlichen Feuerwerk zusammengeschaltet wird. Gerty aber, die vorher nicht mit ihren Gefährtinnen weggehen wollte, erhebt sich, und es zeigt sich, wiederum in einer kitschig-komischen Verzögerung, dass sie hinkt: »Sie ging mit einer gewissen, ruhigen Würde, die ihr eigen war, aber vorsichtig und sehr langsam, weil, weil Gerty MacDowell ... Enge Schuhe! Nein. Sie hinkt! O! Bloom beobachtete sie, wie sie forthinkte. Armes Mädchen! Deshalb blieb sie liegen, als die andern fortliefen. Dachte mir doch gleich, dass etwas nicht stimmte. Sitzengebliebene Schönheit. Bei einer Frau ist ein Defekt zehnmal schlimmer. Macht sie aber höflich. Froh, dass ich nicht wusste, als sie alles zeigte. Aber doch ein heißblütiger kleiner Teufel. Möchte gern mal. Neugierde wie eine Nonne oder eine Negerin oder ein Mädchen mit Brille. Die Schielende ist zart. Glaube kriegt bald die Regel, werden dann so reizbar.«[2]

Bloom, darauf hat Willi Erzgräber im Kommentar zu dieser Passage hingewiesen, ist hier wie stets im

2 a.a.O., S. 414. Die Neugier, bei Joyce »curiosity«, hatte auch ein französischer Autor als Grund vermutet: »La curiosité est le mobile de la plûpart des actions des hommes (...) Certains hommes éprouvent de violens désirs à l'aspect d'une jolie boiteuse. Qui les cause? La curiosité.« Louis D. – das ist Louis Damin –, Le Voyageur curieux et sentimental, Paris 1801, S. 50.

Roman vor allem der Beobachter des Alltagslebens und »der gesamten Wirklichkeit«[3]. »Mr. Bloom zog sich mit sorgsamer Hand das nasse Hemd zurecht. Meingott, dieser kleine hinkende Teufel. Fühlt sich langsam doch kalt an und klamm. Die Nachwirkung nicht gerade angenehm. Trotzdem, irgendwie muss man's ja loswerden.«[4] Der gute Bloom geht alle Männerphantasien in ihrer gröbsten Grobheit durch, vom armen Mädchen, von der Behinderung, die sie bescheiden macht, von der Neugier auf ein außergewöhnliches Wesen wie eine Nonne, eine Negerin, eine Schielende oder ein Mädchen mit Brille – gerade so, wie Gerty zuvor die Mädchenphantasien in ihrem Kitsch hatte an sich vorbeiziehen lassen. Der Unterschied zu Kafkas Fräulein Montag ist schlagend: Joyce ist der schlechthin heterosexuellste Autor, wie Proust der Homosexuelle und Beckett der Asexuelle. Die Montaigne-Tradition mündet in eine Szene der Masturbation – wahrhaftig ein Fall für eine komische Literaturgeschichte!

Wer die »Strudlhofstiege« liest, den bekanntesten Roman Heimito von Doderers, 1951 erschienen, hat viele Möglichkeiten, sich durch das kaum übersehbare Figuren-Gestrüpp dieses dicken, groß-

---

3 Willi Erzgräber, James Joyce. Mündlichkeit und Schriftlichkeit im Spiegel experimenteller Erzählkunst, Tübingen 1998, S. 125.

4 Ulysses, S. 417.

artigen und übrigens auch hochamüsanten Buches eine Schneise zu schlagen. Und jeder Leser muss es selbst tun, denn auf den ersten Blick gibt es keine Handlung, die sich einfach nacherzählen ließe. Folgen wir also der nächsten besten Spur. So lautet der erste Satz: »Als Mary K.s Gatte noch lebte, Oskar hieß er, und sie selbst noch auf zwei sehr schönen Beinen ging (das rechte hat ihr, unweit ihrer Wohnung, am 21. September 1925, die Straßenbahn über dem Knie abgefahren) ...« Übertreibt man, wenn man behauptet, eine Mary K. auf zwei Beinen hätte die Konstruktion der »Dämonen« (zuerst München 1956), die an die »Strudlhofstiege« anschließen, nicht getragen? Wir würden den Roman von 1345 Seiten nicht lesen. Mary K. ist einbeinig, und sie ist Jüdin. Eine Schönheit, eine Rahel wird sie genannt. Es hat keinen Sinn, dieses ausufernde Bild einer Wiener Gesellschaft zwischen Herbst 1926 und dem Hochsommer 1927 resümieren zu wollen; gelingen können wohl nur Versuche, ein Motiv aufzugreifen – und für uns ist es Mary K.s Behinderung. »Gleich nach Beginn der sechsten Sitzung erschien jenseits des Platzes unverkennbar die Gesuchte, aus dem Haustore tretend. Frau Mary trug ihren schwarzen Ebenholz-Stock und humpelte charmant: so ein wenig behindert, so ein wenig sich selbst ironisierend. Das alles lag schon im Gange! Ja schon in der Art war es gelegen, wie sie, nach dem Verlassen des Hauses, sich ein wenig umgesehen hatte: ein Blick zum Himmel, ein Blick über den Platz ...«[5] Wer sie so beobachtet, ist überrascht: »Die Dobrila hatte also keineswegs ein ganz unbehilfliches Wesen mit Krücken erwartet. Aber was nun kam – das war gewissermaßen zu viel.«

Diese Souveränität ist nicht ohne Kampf erreicht worden. »Mary empfand einen Schmerz, eigentlich nur ein Unbehagen, dort wo nichts mehr war, wo sich einst das rechte Knie befunden hatte. Sie tastete mit der Hand unter die Decke. Sie umfasste den warmen Stumpf des Oberschenkels. Diese Bewegung war keine ungewohnte: meistens gelang es ihr sogar auf solche Weise, den gleichsam in der Luft hängenden Schmerz zu vertreiben, ihn als bloße Einbildung zu erweisen. Auch jetzt war das so. Der Stumpf war glatt. Sie ertastete kaum noch Narben. Der Stumpf war glatt und warm.«[6] Die Passage ist, in der Szene der Selbstberührung, von einer unerhörten tragischen Sinnlichkeit; der Schmerz ist ebenso angedeutet wie die Wärme. Fast zu märchenhaft schön ist die Liebesgeschichte zwischen Mary K. und dem jungen Arbeiter Leonhard Kakabsa. »Leonhard schlüpfte durch den geöffneten Spalt, warf sich vor Mary nieder und küsste ihre beiden Füße. Auch den unechten.«[7] Ist es Fetischismus? Allein die Frage verfehlt, worum es hier geht.

---

5 Heimito von Doderer, Die Dämonen. Nach der Chronik des Sektionrates Geyrenhoff, München 2008, S. 639.

6 a.a.O., S. 984.

7 a.a.O., S. 1322.

Fügen wir hinzu, dass Doderer das Motiv schon einmal in einer Art leichterer Fingerübung angespielt hatte, in der Erzählung »Die Amputation«[8], die aber nicht die spätsommerliche Reife und Wärme der »Dämonen« erreicht. Zwei Knaben, Carl und sein Bruder Josef (aus dem ein berühmter Chirurg wurde, während Carl die Ingenieurlaufbahn einschlug), spielen im Sommer im Garten. Der Garten gehört »zu dem ausgedehnten Spitale, wo ihr Vater die Stelle eines Chefarztes innehatte«[9]. Über den Zaun hinweg sehen sie die Kranken, auch die Amputierten: »Bei diesen Gartenbänken gab es fast immer beiseite gelegte Krücken oder Stöcke mit Gummihülsen unten daran, oder auch kleine Rollwägelchen.«[10] Schon fühlen sie sich selbst als kommende Chirurgen. Zu Besuch kommt nun ihre Cousine Karoline, »ein hübsches und munteres Mädchen von etwa dreizehn Jahren«[11]. Sie »hatte den Wunsch ausgesprochen, dass man ihr das linke Bein unterhalb des Knies abnehmen möge; denn sie leide große Schmerzen. So sagte sie den beiden Knaben. Und sie sei entschlossen, diese schwierige Operation nur von ihnen, als bewährten Ärzten, ausführen zu lassen.« Das Mädchen spielt den beiden

---

8 Entstanden 1932, zitiert nach: Heimito von Doderer, Die Erzählungen, München 1995.

9 a. a. O., S. 270.

10 a. a. O., S. 271.

11 a. a. O., S. 272.

aber einen seltsamen Streich: »Sie nutzte den Umstand, dass ihr vor Jahren das eine Bein nach einem Unfalle tatsächlich hatte abgenommen werden müssen.« Die Jungen wissen nichts davon. »Sie trug ein vortreffliches Kunstbein, auch Prothese genannt, und hatte es in dem berühmten Münchener Institut, woher das Ding stammte, so trefflich gebrauchen gelernt, dass ihr Gang kaum etwas zu wünschen übrig ließ. Sie machte ihre Spaziergänge wie andere Menschen auch und sie tanzte sogar.«[12] Die Knaben schreiten mit einer sorgfältig gereinigten Säge zur Tat – »und Karoline ihrerseits hatte noch rechtzeitig vor dem ganzen actus die zahlreichen Riemen und Schlaufen, welche ihr Kunstbein mit dem Mieder verbanden, gelöst.«[13] Dann passiert's: »Gleich darauf polterte das zierliche Kunstbein mit Seidenstrumpf und Lackschuh auf den Teppich.« Die Jungen sind entsetzt, rennen weg, glauben sich schuldig und fragen sich, ob die Cousine überhaupt eine »solche merkwürdige Art Beine« habe, die man an- und ablegen könne. Nach Hause können sie nun nicht mehr, schon überlegen sie eine Flucht nach Amerika. Alles geht am Ende gut aus, nur die Eltern »schienen gegen Karoline ernstlich verstimmt«[14]. Und Carl, der Chirurg? »Vor nicht langer Zeit erst äußerte er einem Freunde gegenüber, dass ihm bei

---

12 a.a.O., S. 272f.
13 a.a.O., S. 273.
14 a.a.O., S, 276.

jedem Fall einer Amputation – deren er wohl in seiner langen Chirurgen-Laufbahn genug vorgenommen haben mag – jene unvergesslichen Stunden der Kindheit wieder vor das innere Auge träten.« Der rhetorische Kontext der Prothese ist auch hier – wie in den »Dämonen« – zart ironisch. Karoline ebenso wie Mary K. scheinen mit ihrer Versehrtheit eher zu spielen, als sie in expressives Leiden zu verwandeln. In beiden Fällen ist aber auch die erotische Aufladung zu spüren: Erst im Augenblick, da die Prothese abgenommen wird, kommt die Entkleidung zu sich selbst; das künstliche Bein steht in engster Nähe zu den sinnlichen Motiven von Mieder, Seidenstrumpf und Lackschuhen. Das macht Doderers Behandlung des Stoffes so unverwechselbar, so kakanisch, schwingend und aristokratisch.

In dem Band »Aus Julianischen Tagen« (Frankfurt am Main 1979) findet sich ein Epigramm, das zu der kleinen Sammlung »Auf Arno Schmidt's ›Rosen und Porree‹« gehört. Der Autor spricht über sich selber:

Die Umsiedler

Warum hast du Katrin amputiert? Um das Sprüchwort zu strafen: »Ehe sei mehr noch als nur vier *nackte Beine im Bett«?*[15]

15 Arno Schmidt, Julianische Tage, S. 256.

»Die Umsiedler«, eine Erzählung oder ein »Kurzroman« von Arno Schmidt (1914 bis 1979), erschien 1953. Die Geschichte handelt von der Suche der Vertriebenen nach neuem Lebensraum im Westen Deutschlands. Dabei trifft der Erzähler auf Katrin. Bald verlieben sie sich. Katrin ist ein »sachliches Mädchen«, wie es einmal heißt. Und das ist sie im doppelten Sinn: illusionslos und patent, praktisch und unsentimental, wie es der Lage der Flüchtlinge angemessen ist – aber auch in dem Sinne, dass ein Teil von ihr eine Sache ist. Erst als sie zusammen im Bett sind, wird das Geheimnis offenbar: »Schatten liefen ihr durch die Augen, der Lippenhimmel verfinsterte; ich ließ meine Hand los, die sofort ins Deckendunkel aufgenommen wurde. ›Du ich –‹ brockte der Mund, ihr Kopf rang einmal wild, die Nase stöhnte kurz – ›weißt Du, dass ich nur ein Fuß hab?!‹, und stieß ihn jäh unten raus: die saubere harte Prothese bis Wadenmitte. Am linken Bein. ›Beim Luftangriff.‹ Viel rote Schlüpfer leuchteten rundum auf, sonnig, breite Haremsampeln. Fuß war nicht mehr da. Sie fluchte rauh und hoffnungslos. ›Aber sonst bin ich ganz in Ordnung‹ flüsterte ein brüchiger Contralto. Rote Mundschlucht, von Wildwässern überlaufen, aus der leise Windstöße flossen. Ich koppelte nun die andere Hand los, und sie sprang ihr zum Hinterkopf durch die dunkle Haarwiese. Sie schlug einmal schluchzend die Zähne in meinen Unterarm, dann sprach sie stolz: ›Ich kann sogar helle Kniestrümpfe tragen. Weißt Du: ganz derbe, sportliche.‹«[16]

Erzählt wird in zwei Sprachen. In einer unerotischen, fast antierotischen nämlich – wenn die Rede von den derben Kniestrümpfen ist – und in einer erotisch aufgeladenen: rote Schlüpfer, Haremsampeln. Diese Ambivalenz der Sprachen setzt sich fort im Widerspruch von Seide und grobem Stoff: »Ihre Augen sprangen wie junge Meteore einmal durchs Saalgeworbel; sie streckte die gelbe Armgerte und befahl: ›Gieb mir die Strümpfe – da!‹ Die Decke bauschte sich groß und feierlich; noch einmal. Sie kniete, öffnete vorn für mich, und stützte die Hände auf meine Schultern, mit schimmernden Lichtern. Überall. Dann kamen die langen dunklen Seidenbeine aus den groben Falten, ich fing sie beide, und stellte das sachliche Mädchen zwischen Bett und Fenster. Ein Unterrock liante und passte. Ein Kostüm überschlüpfte. Ein langer Mund plauderte: ›Du ich hab ein schönes großes Radio.‹«[17]

Die Sachlichkeit des Geräts mischt sich in die Sprache der Liebe, wie es wohl für Schmidt charakteristisch ist. Denn nach dem gleichen Formgesetz lassen sich die abschließenden Worte der Szene lesen (es ist Nummer XIII): »Da lehnt sie kariert am Bettpfosten. Lippenrausch und Brauenzwang.

---

16 Die Umsiedler, S. 98.
17 a.a.O., S. 98.

Aus geschlossenem Mund: ›Liebste.‹ Aus geschlossenem Mund: ›Liebster!‹ Dann herrisch und angstvoll: ›Bestimmt Du.‹ – (Den Durchmesser einer Waschschüssel in Parsec ausdrücken).«[18] Die Liebe zu der Frau mit einer Prothese fügt sich in die technisch-kalte Rationalisierung, in den Instrumentalismus seines Gedankenstroms zwanglos ein. *Darum* hat Arno Schmidt Katrin amputiert. Halten wir aber noch fest, dass es oft versehrte Frauen sind, auf die man in seinen Geschichten stößt: In »Zählergesang« das kahle Mädchen mit einer Perücke, vor der er aber nach erstem Flirt zurückweicht: »Nee, es stört doch maßlos: so ganz ohne Haare?«[19] Die zauberhafte junge Ann'Ev in »Abend mit Goldrand« ist herzkrank.

Auch dieses Motiv hat, wie alle der hier behandelten, neben literarischen Meisterwerken zahllose Trivialisierungen erleben müssen. In Edgar Hilsenraths Roman »Der Nazi & der Friseur« ist Frau Holle schwer vom Nationalsozialismus und vom Krieg geprägt. Sie hat ein Bein verloren. Das eigene Bein ist das »arische«, das andere ein fremdes. Ihr Liebhaber ist ein perverser Amerikaner: »Der Major ist von seiner Frau in Amerika seelisch kastriert wor-

---

18 a.a.O., S. 98f.

19 Arno Schmidt. Das Frühwerk, hrsg. von Michael Matthias Schardt, Aachen 1987, S. 71.

den. Er hat einen Minderwertigkeitskomplex. Und er hat Angst vor Frauen mit zwei Beinen, – zwei richtigen Beinen. Und er will eine mit einem Bein.« Nach dem siebenten Orgasmus stirbt er.[20] Das ist wieder Psychoanalyse – auf vulgärstem Niveau.

---

20 Edgar Hilsenrath, Der Nazi & der Friseur, Berlin 2008, S. 91.

Obszönität

Canettis Geheimnis. Für Leser gibt es manchmal das seltene Glück: auf den *einen* Satz eines Werks zu stoßen, der alles in ein anderes Licht stellt. Ein solcher ist der erste Satz von »Masse und Macht«: »Nichts fürchtet der Mensch mehr als die Berührung durch Unbekanntes.«[1] Man hat ja als die ursprüngliche Intuition dieses Buches vieles namhaft gemacht, vor allem den Brand des Wiener Justizpalastes am 15. Juli 1927. Demonstranten hatten das Gebäude gestürmt und angezündet, ein unheimliches Volksfest fand da statt, am Ende waren 89 Tote unter den Demonstranten und vier tote Polizisten zu beklagen. Der junge Elias Canetti hatte sich zu Beginn der Auseinandersetzungen einem der Züge angeschlossen, den Brand selbst aber nicht gesehen. Nur durch die Veränderung im Ton der Masse erschloss er das Geschehene: Man rief einander die Nachricht zu, »es klang freudig, nicht gellend, nicht gierig, es klang befreit«. Aber wir halten uns an den ersten Satz, denn aus ihm geht alles weitere hervor: Die Angst vor der Berührung durch das Unbekannte werde einzig in der Masse überwunden, glaubte Canetti, der vom

---

1 Elias Canetti, Masse und Macht, Frankfurt am Main 1980, S. 11.

»Umschlagen der Berührungsfurcht« sprach. Der Mensch habe ein vitales, vielleicht archaisches Interesse daran, zu sehen, was nach ihm greife, wenigstens wolle er es »einreihen« können, in ein Bekanntes verwandeln. »Viel von diesem Sachverhalt ist in den Doppelsinn des Wortes ›angreifen‹ eingegangen.« Aber nicht vom Massenmakrokosmos soll nun die Rede sein, sondern vom Mikrokosmos der Liebe. Veza Canetti, der Ehefrau des Schriftstellers, fehlte der linke Arm. Der Gatte hütete diesen Sachverhalt der Behinderung wie ein Geheimnis; mit Freunden, die ihn, der doch so sichtbar war, anderen mitteilten, brach er. Aber ist nicht der Anfang von »Masse und Macht« das grandios-ambivalente Denkmal dieses fehlenden Arms, der nächtlichen Berührung durch Undefinierbares? Nicht nur in der Masse wurde die Berührungsfurcht überwunden.

Fleisch, das sich nicht gliedert, das nicht der Freiheit und der Handlung fähig ist – dies ist die Definition des Obszönen, die Jean-Paul Sartre in »Das Sein und das Nichts« gegeben hat. Das Obszöne werde sichtbar, wenn »der Leib Stellungen einnimmt, die ihn seines Tuns völlig entkleiden und die Trägheit seines Fleisches enthüllen.«[2] Das Obszöne, so Sartre weiter, sei »eine *Art* des Für-Andere-Seins, die zur *Gattung* des Anmutlosen gehört.«[3] In der

2 Jean Paul Sartre, Das Sein und das Nichts, Reinbek 1974, S. 513.

3 a.a.O., S. 512.

Anmut seien Notwendigkeit und Freiheit vermittelt, im Obszönen werde diese Vermittlung zerstört. Obszöne Literatur aber ist eine Flügelarmee der großen Kulturrevolution der sechziger Jahre, sie kam in der Nachkriegsmoderne zu höchstem Ansehen. 1962 erscheint Ludwig Marcuses »Obszön. Geschichte einer Entrüstung«, 1965 Hans Gieses Abhandlung »Das obszöne Buch«. Peter Gorsen hat die Kunstgeschichte (und, seiner Ansicht nach, wohl die Heldengeschichte) dieser Tendenz geschrieben.[4] Eine Sammlung der Erzählungen von Georges Bataille erschien 1972 unter dem Titel »Das obszöne Werk«.

Blaise Cendrars (1887 bis 1961) war Schweizer. Ein Abenteurer nach dem Geschmack von Ernst Jünger, im Weltkrieg verlor er seinen rechten Arm. »La main coupée« heißt der erste, 1946 erschienene Band seiner Autobiographie. Mannigfache Berührungen mit der künstlerischen und literarischen Avantgarde ergaben sich für ihn schon in jungen Jahren. 1948 bis 1955 schrieb er seinen Roman »Madame Thérèse«.[5] Es ist eine Grand-Guignol-Welt, ein Fest der Drastik. Das Obszöne ist das Formgesetz dieser Prosa. Cendrars wurde vom Jazz beeinflusst, wie er selbst in einer kurzen Vorrede angibt. Er hatte früh in New York gelebt und war

---

4 Peter Gorsen, Das Prinzip Obszön. Kunst, Pornographie und Gesellschaft, Reinbek 1969.

5 Blaise Cendrars, Madame Thérèse, Düsseldorf 1962, im Original Emmène-moi au bout du monde, 1956.

durch das vorrevolutionäre Russland gefahren. Wenn das letzte Wort der Antike die Satire war, so war Obszönität das letzte der Moderne.

Madama Thérèse nämlich, eine alte, ganz nach dem Muster der hässlichen Vettel gezeichnete, früher aber einmal große und gefeierte Schauspielerin, nach wie vor sexuell unersättlich, vor Erniedrigung und Qual dabei nicht zurückschreckend – »das alte Wrack ist mehr Schlachtschiff als je«[6]–, hat eine Freundin, die »Präsidentin«. Diese, um Jahrzehnte jünger als Thérèse, ist ihre Geliebte. Die Präsidentin ist beinlos. Obszön in dem von Sartre angedeuteten Sinne (und zwar im höchsten Maße) ist Cendrars' Beschreibung der Präsidentin als »Balg, diesen Torso, diesen Torso aus Fleisch, lebendige Skulptur, die schönste Skulptur, die sie je in die Arme nahm, Brüste zum Verrücktwerden, ein herrlicher Rücken, Schultern und Hüften, die gewölbten Flanken, wie ein Sack in den Kissen, aber ein Sack mit einem Kopf darauf und mit Armen, den schönsten Armen von der Welt, dem kapriziösen Kopf einer Fatma, sie war die Schönste des Harems, Favoritin des mächtigen Herrn des Atlas, des alten Paschas von Khenifra, und der greise Frauensammler war sehr stolz auf sein rarstes, einzigartiges und mit Gold aufgewogenes Stück: eine Peri, mehr: eine Huri, eine kaulquappengleich beinlose Huri, aber mit um so ausladenderen Rundungen hinten, darin seine

6 a.a.O., S. 22.

Männlichkeit zu versenken, wie Mahomeds Paradies es verheißt, ein Frosch, ein Monstrum, gleich den Irren, den Besessenen, Epileptikern, Aussätzigen, deren Umgang der Koran verbietet, ein Monstrum, wie es uns nachts im Traum nicht begegnet. Aber ein süßes Liebesmonstrum zugleich, eine Offenbarung für die Schauspielerin und die einzige Leidenschaft ihres Lebens«.[7]

Eine Legende war sie schon in der nordafrikanischen Fremdenlegion: »Ganz durch Zufall dann, während eines in Frankreich verbrachten Urlaubs, hatte der Colonel von der ›Notre-Dame de la Légion‹ gehört, die in einem algerischen Nachtclub gezeigt wurde, und von der Fahnenfluchtepidemie unter den Legionären, die ausrissen und diese Reinkarnation der Frau ohne Beine sehen, berühren, anbeten, rauben, entführen, besitzen wollten: das schönste Mädchen der Welt, und ein Goldfisch. Dieser neuen Spur ging er nach, die Frau ohne Beine war zuerst in Algier ausgestellt worden, dann in Marseille, in einem Dancing im Viertel der Petites-Maries, wo man eines Morgens, nach einer Schlägerei, in dem völlig zertrümmerten Lokal die Leiche eines Legionärs aufhob, einen Dolch in der Leber, ein Russe, ein Bruder Lustig und ein Großmaul, er hatte das Wunderkind lanciert und war als erster auf die Idee gekommen, es auszubeuten.«[8] Das Fleisch,

---

7 a.a.O., S. 183.
8 a.a.O., S. 285 f.

wie es Cendrars schildert, ist das Fleisch, wie es einer erfahren hat, der im Krieg schwer verwundet wurde.

Stephen Schnecks (1933 bis 1996) Roman »Der Nachtportier oder dessen völlig wahre Beichte«, erschienen 1966, gehört nun völlig in die Tendenz der obszönen Umformung des Stoffes. Er beginnt mit einem am Anfang fragmentierten Zitat, einem Heftchen, das der völlig verfettete Nachtportier Spenser Plag, »eine enorme Kröte«, liest. »liche, wunderbare Gefühl, allein schon Lady K. das Turmzimmer durchqueren zu sehen. Es war köstlich. Sie war derart verkrüppelt, dass sie nur durch eine Schuhsohle von zwölf Zentimeter Dicke das Missverhältnis wettmachen konnte, das durch ihr zu kurzes linkes Bein entstand. Der Baron nickte, und sie kam näher, näherte sich ihm mit eigentümlichen, graziös wiegenden Bewegungen. Bei jedem Schritt sank sie vornüber, was ihre vollen Brüste sich vorwölben und die Hüften in sonderbaren und aufregenden Winkeln heraustreten ließ.«[9] Spenser Plag liest eine fetischistische Masturbationsvorlage. Das Hotel, in dem er sitzt, ist ein Stundenhotel. Es mag kein Zufall sein, wenn man an seine Bearbeitung von Kafkas »Prozess« denkt, dass gerade Orson Welles zeitweise an eine Verfilmung dachte. Es handelt sich beim »Nachtportier« aber auch schon um eine Parodie von Pornographie. Plag staffiert seine

9 Stephen Schneck, Der Nachtportier, Reinbek 1966, S. 7.

Frau, die berückend schöne Prostituierte Katy, für ein gemeinsames Abendessen im Restaurant aus. »Katy war prächtig. Angetan mit einem smaragdgrünen Abendkleid. Der Saum endete neun Zentimeter über ihrem seidenen Knie.«[10] Dazu hohe Absätze und ein tiefes Dekolleté. Nun aber die Pointe der Inszenierung: Er zieht Katy lange Handschuhe an und darüber noch ein weiteres Paar, »das sich deutlich von dem ersten unterschied: pechschwarz und aus rauhem, steifem Kernleder geschnitten. Maschinengenäht. So hässlich. Sie gemahnten an jene falschen Handschuhe, die früher einmal Amputierte zu tragen pflegten. Katy versuchte, ihre Finger hin- und herzudrehen. Ein Metallschnapper hielt die Handschuhe an ihren Gelenken fest. Sie japste nach Luft.« Eine fetischistische, auch sadistische Inszenierung. »Wirst du wirklich mit mir ausgehen ... so?«[11] Gerade dies ist ja die Pointe. Alle Aufmerksamkeit gilt nun ihnen: »Die Leute wichen zurück, gewährten Katy die Ehrerbietung und heimliche Neugier, die gemeinhin nur krummrückigen Königinnen, verstümmelten Heroinen oder einzigen Überlebenden irgendeines kürzlichen afrikanischen Massakers vorbehalten sind.«[12] Indem zum Obszönen, wie Peter Gorsen dargelegt hat, »per definitionem die gezielte Absicht zu verletzen

10 a.a.O., S. 68.
11 a.a.O., S. 69
12 a.a.O., S. 70.

gehört«[13], kommt es im Augenblick seines Erfolgs auch schon an sein Ende. Es müsste sich, um weiter zu wirken, unendlich steigern, aber diese Möglichkeit war mit Produktionen wie dem »Nachtportier« schon ausgereizt. Schneck, der für den »Nachtportier« den »Prix Formentor« erhalten hatte, widmete sich, nach einem zweiten, aber bei weitem nicht so erfolgreichen Roman fortan der Abfassung von Drehbüchern für amerikanische Fernsehserien.

13 Obszön, in: Historisches Wörterbuch der Philosophie, Band 6, Darmstadt und Basel 1984, S. 1081 f.

»Ich bin es selbst!«

UNTER den zeitgenössischen Künstlern, die das Sujet aufgenommen haben, ist vor allem Christian Ludwig Attersee (geboren 1940) zu nennen. Vorsicht: Dieser Mann malt nicht für Vegetarier, die gerade wieder im Kommen sind, oder für Cholesterin-Phobiker. Er malt auch nicht einfach Fleischstücke, obwohl diese fast zu seinem Markenzeichen wurden und Attersee nach früher Bezauberung durch Kandinsky gerade am Motiv des Fleischstücks (aber in seiner Konfrontation mit dem Metall) zur gegenständlichen Kunst fand. Aber wie man es auch immer erklären mag – ob durch den Hunger nach dem Krieg, ob mit der dann bald folgenden Fresswelle –, Tatsache ist, dass sein Erfindungsreichtum sich mit bloßen Metamorphosen des Fleisches nicht begnügt hat, sondern das Organische nur im extrembarocken Zustand der triebhaften Verzückung zu sehen vermag. Attersee hat die sexuelle Revolution der sechziger Jahre mit dem allernächsten Konsumismus kurzgeschlossen, und so hält die geile Ekstase auch in die Nahrungsaufnahme Einzug. Da findet man dann die »Fleischkonditorei«, die »Suppensonnen« und den »Wurstsommer«, zudem Aufschnitt und Eis in großen Massen. Zwei riesige Gabeln, die sich in die winzigen Steaks vertiefen, bilden ein »Fleischschnupperpaar«. Aber auch wild gewordene Löffel und Tortenheber (manchmal sadistisch-stachelig) werden nicht verschmäht, der Mikrokosmos der Speisen nimmt ohne Mühe ein ganzes Welttheater in sich auf.

Attersees Stil war anfangs von der Pop-Art bestimmt, kanonischer Kitsch (Hündchen, lieb blikkend) stieß in pervers-zartem Rosa und Blau mit Pornographischem zusammen. In Kandinskys formale Strukturen strömten die Gegenstände nun freudig ein. Unter Attersees erfundenen Objekten haben die Prothesen als Fleischersatz und -verlängerung eine Vorzugsstellung. So warb er als Objektkünstler: »Beinamputierte Mannequins tragen Attersees Buchstabenprothesen. Mit Attersees Prothesenalphabet wird jeder Tag zum Sonntag. Sie geben Ihren Beinen die Sicherheit, etwas Besonderes zu sein.« In Pressburg wurde der Künstler als Sohn eines Architekten und einer Kindergärtnerin geboren. 1944 kam er nach Österreich. Er war niemals nur Maler; ebenso hat er sich im Segelsport (daher der Künstlername Attersee, standesamtlich heißt er Christian Ludwig) und im Schlagergesang ausgezeichnet. Segel gehörten auch obligat zu den Beinprothesen der Mannequins. Indem er Mode, Fleisch und Behinderung verband, wurde Attersee, ohne es wissen zu können, zum Propheten.

Setzen wir voraus, dass sowohl die antike Negativ-Moralisierung der Behinderung als auch die marinistische oder dekadente Positivierung jeweils aus einem Blick von außen hervorgingen, bei dem das angeschaute Objekt kein eigenes Mitspracherecht besaß, dann kann man die Lage der Gegenwart in eine knappe Formel fassen: Was nun dominiert, ist ein grundsätzlicher Blickwechsel, der sich mit der Geste des »Ich bin es selbst« beschreiben ließe. Seit der Modeschöpfer Alexander McQueen (1969 bis 2010) Ende der neunziger Jahre das doppelt beinamputierte Model Aimee Mullins über den Laufsteg gehen ließ, in eigens für sie angefertigten Holzstiefeln, ist eine mächtige Welle neuer Ästhetisierung in die Modewelt und in die Miss-Wahlen gekommen. Auch die letzten Paralympics in London (2012) ließen eine Tendenz erkennen, von der humanitären Inklusions-Rhetorik, die noch die Pekinger Paralympics des Jahres 2008 dominiert hatte, zu einer Schönheits-Suggestion überzugehen.[1] Aber auch hier eine unaufhebbare Asymmetrie zwischen den Geschlechtern: Mario Galla, ein männliches Model mit Beinprothese, trat 2010 bei der Berliner Fashion Week auf den Laufsteg für die Firma Hugo Boss. Auf die Frage der »taz« nach seiner Behinderung erklärte er lakonisch: »Meine Prothese ist halt so ein Gimmick, den ich da habe.«[2] Derlei wird si-

---

1 Vgl. Hans Ulrich Gumbrecht, »Dionysische Faszination der Paralympics«, in: F. A. Z. vom 19. September 2012.

2 »Klar trage ich im Sommer kurze Hosen«, taz, 15. August 2010. Ähnlich der beinamputierte frühere Afghanistan-Soldat Alex Minsky, der nun in den Vereinigten Staaten als Model tätig ist. Das Magazin »Stern« widmete ihm am 21. Juni 2013 ein längeres Porträt.

cher medial beachtet, aber allein der quantitative Vergleich zeigt, wie der Vergleich zwischen dem Byron- und dem La-Vallière-Mythos, dass die Aufmerksamkeiten ungleich verteilt sind.

Für Aufsehen und kritische Fragen sorgte eine in Angola und Kambodscha durchgeführte Wahl der »Miss Landmine«, die beim zweiten Mal indes von der kambodschanischen Regierung verboten wurde. Solchen neuen Formen der Schaustellung geht Sabine Kienitz nach.[3] Sie sieht einen Unterschied der Geschlechter: Während Männer wie Oscar Pistorius die Prothesen offensiv sichtbar machten und die technische Funktionalität auch visuell betonten, bevorzugten Frauen nach wie vor kosmetisch diskretere Lösungen. Aber auch dieser Befund mag inzwischen schon wieder überholt sein. Die mediale Geschichte der Prothetik, die mit der technischen Sachlichkeit der Medizinfotografie beginnt, die von außen blickt, verschiebt sich in den Fotos der behinderten Nutzer von sozialen Netzwerken zugunsten eines eher spielerischen Selbstausdrucks. Sabine Kienitz entwirft das ganze Panorama einer kulturwissenschaftlichen Analyse der Prothetik, zu der mehrere Disziplinen beitragen müssten: Medizin- und Technikgeschichte, auch die neueren »Disability Studies«.

---

3 Sabine Kienitz, Prothesen-Körper. Anmerkungen zu einer kulturwissenschaftlichen Technikforschung, in: Zeitschrift für Volkskunde, Jg. 106, Heft 2, 2010.

Fast jedes Land, und keineswegs nur in der westlichen Welt, hat inzwischen Modeschauen mit selbstbewussten behinderten Models, in Rumänien etwa die Schau »Atipic Beauty«. In Brasilien ist die nun seit mehreren Jahren gefeierte Schau »Moda inclusiva« zu nennen. Der deutsche Modelwettbewerb von Rollstuhlfahrerinnen, »beauties in motion«, ist indes wieder eingeschlafen, während das polnische Gegenstück »Miss Polski na wózku Fundacja Jedyna Taka« in voller Blüte steht. Ein bloß kulturkritisches Räsonnement, das hier nur eine technokratische und letztlich ökonomisch getriebene Selbstoptimierung sehen wollte, griffe zu kurz. Eine neue Stufe des ewigen Kampfes um Anerkennung ist erreicht – und sie nennt sich nicht mehr so. Bei der Schlussveranstaltung der Londoner Paralympics trat die beinamputierte Sängerin Viktoria Modesta als Schneekönigin auf, mit einer Prothese in Silbermetallic. Die kosmetische Kaschierung, die noch vor kurzem als Regel vor allem bei Frauen gegolten hatte, wird durch provokative Inszenierung abgelöst, wie der »Spiegel« berichtete: »Die Prothese mit den Glitzersteinen und dem sichtbaren Metallgelenk ist nicht nur ein Ausdruck ihrer Selbstachtung, sie ist auch eine ästhetische Provokation: Wer sagt denn, dass eine Beinprothese wie ein Bein aussehen muss?«[4] Die einarmige Niederländerin

4 Eine Frage der Haltung, in: Der Spiegel vom 17. September 2012.

Debbie van der Putten war im Februar 2013 Model für De Bijenkorf. Das Modemagazin »Pop« brachte 2013 das erste schielende Model auf die Titelseite, Moffy, die vom »Telegraph« politisch etwas zu korrekt als Trägerin von »Strabismus« vorgestellt wurde, und sie erwiderte: »I think that the term ›strabismus‹ is too scientific and makes it sound as if I have a condition that affects other aspects of my life; and I have never seen it in those terms, as far as I'm concerned I've just got a funny eye! I feel very lucky however that it has captured people's imagination and ironically, it seems to be the one thing that has made me interesting to people as a model instead of putting me at a disadvantage.«[5] Amy Palmiero-Winters ging im März 2014 mit einer nicht kosmetisch kaschierenden, sondern den technischen Entwurf betonenden schwarzen metallischen Beinprothese und in High-Heels in Toronto über den Laufsteg.

Die angeschauten Objekte schlagen die Augen auf und erwidern den Blick. Eine Revolution braucht manchmal 3000 Jahre.

---

5 Meet Moffy, the cross-eyed model, 20. November 2013, fashion.telegraph.co.uk/news-features/TMG10460801/Meet-Moffy-the-cross-eyed-model.html.

Danksagung

MEIN Dank gilt Tilman Allert, in dessen soziologischem Kolloquium ich diese Thesen erstmals vorstellen konnte. Zudem meinem Kollegen Helmut Mayer, der mir bei der Übersetzung einer heiklen Stelle half, vor allem aber meinem lieben Hans Imhoff, der sich schon in den sechziger Jahren zu Marino mit den Worten bekannte: »Ich grüße dich, Giambattista!«

2014
zu Klampen Verlag
Röse 21 · D-31832 Springe
info@zuklampen.de · www.zuklampen.de

Reihenentwurf: Martin Z. Schröder, Berlin
Satz: textformart, Göttingen
Gesetzt aus Baskerville Ten
Druck: CPI – Clausen & Bosse, Leck

ISBN 978-3-86674-232-1

Bibliographische Information der
Deutschen Nationalbibliothek:
Die Deutsche Nationalbibliothek
verzeichnet diese Publikation in der
Deutschen Nationalbibliographie;
detaillierte bibliographische Daten
sind im Internet abrufbar:
http://dnb.d-nb.de